未完の西郷隆盛

日本人はなぜ論じ続けるのか

先崎彰容

新潮選書

はじめに

かつて、知人の研究者から「日本の近代化の是非について知りたいのなら、福澤諭吉（一八三五―一九〇一）と柳田國男（一八七五―一九六二）の二人だけを勉強すればよい」と言われたことがある。

同時代の人びとから、「拝金宗」と非難されたこともあった福澤諭吉は、日本の近代化の方向を決定づけた思想家だと、しばしば言われている。反対に柳田國男は、かなり早い段階から日本の行く末に懐疑を抱いていたというイメージがある。農商務省の役人時代、また後に日本民俗学と呼ばれる学問体系を構築していく最中、柳田は、しばしば明治政府の近代化政策に疑問を示し、反近代的な立場を表明していたからであろう。

むろん、福澤も柳田も、そう簡単に近代／反近代で色分けできるような思想家ではない。しかしたとえば、中国文学者の竹内好（一九一〇―一九七七）は、明治八年（一八七五）に『文明論之概略』を書き、それから二〇年後の日清戦争で日本の勝利に酔いしれた福澤に注目している。福澤が描いた歴史観こそが、日本の近代化の進むべき道筋を、決定的なものにしたと考えたからである。

竹内によって「文明一元観」と名づけられたその方向とは、歴史を未開から文明への一方通行だとみなす歴史観である。野蛮・半開・文明の三段階に世界の国々を腑分けし、文明を目ざして他の二つは必ず進むべきであり、一直線上を競争し、後ろから前へと進んでゆく。

この文明一元観において、日本は半開の国であり、西洋文明こそが追いつくべき目標であった。明治政府の近代化政策は西洋文明への懐疑をまったくもたず、ひたすら直線上を前へ前へと走ってゆく焦燥に駆られていた。ここからはインド文明や中国文明などアジア諸国を、西洋のそれと異なる価値観だと認める「文明多元論」がでてこない。つまり福澤の思想からは、直線が複数あるという想像力がでてこない、と竹内は言うのだ。

しかし『文明論之概略』が刊行されてからちょうど七〇年後、昭和二〇年に日本は敗戦をむかえ、明治以来の近代化はいったん破綻した。このとき柳田國男は、維新以来のこの国のあゆみと自身の学問を振り返りつつ、『先祖の話』を書くことになる。

批評家の柄谷行人によれば、柳田が『先祖の話』に結晶する自らの民俗学で批判したのは、明治国家の「富国強兵」政策と、それに基づく農村政策であった。国家による農業の保護は、あくまでも産業資本主義の働き手と兵士の供給源を確保しようとしたに過ぎず、農村の自立や発展を促すものではなかった。その結果、農村からは夥しい数の若者が戦争に駆りだされ、戦死しても慰霊もされず、農村は疲弊したのだった。だから柳田は、国家から自立した農村、協同組合型の村づくりを目ざしたと柄谷は言うのである。こうした理解からは、明治以降の近代化政策に疑問をいだく「反近代の学徒」としての柳田を見いだすことができるだろう。

このように日本の近代化の是非をめぐって、福澤と柳田には鮮やかな対立を見て取ることができる。

しかし、もし一人物のなかにこの二つの立場が同居し、ために激しい葛藤と緊張の人生を強いられたとしたらどうだろうか。福澤や柳田といった学者ではなく、実際に秩序をつくった政治家のなかに、日本の近代化の是非を問い直すことができる傑物がいたとすればどうだろうか。それが、西郷隆盛（一八二七―一八七七）なのである。

西郷隆盛と言えば、明治六年の「征韓論」と、それから四年後の「西南戦争」でその名を記憶されているであろう。征韓論は西洋列強の介入を危惧した大久保利通らの反対で実現せず、西南戦争は不平士族に担がれた西郷がひき起こした無謀な戦争だと思われている。この一般的なイメージからすれば、西郷は、国内外の政治問題にたいして無能であり、近代化に取り残された政治家ということになるだろう。

しかし実際の西郷は、後世に遺した影響力をふくめ、もっと複雑にして多様な陰影をはらんでいる。本書はそうした西郷像に迫っていくつもりだ。

たとえば西郷は福澤の『文明論之概略』を周囲のものに読むことを強く勧め、ときに議会制度の導入を熱く説いた。鳥羽伏見の戦いでは、武力の福音によって明治という舞台を引き寄せてみせた。勝海舟との有名な江戸無血開城の英断や廃藩置県、さらには徴兵制など、明治政府の近代化路線を推進する際にも決定的な役割を果たした。西郷が幕末維新史にあたえた影響を、否定する者はまずいないだろう。だとすれば、西郷は日本に西洋文明を取り入れた近代化の立役者ということになる。

ところが、この国の近代化路線に違和感を覚えるとき、必ず呼び戻される政治家もまた西郷なのである。たとえば、西郷は「征韓論」の主張者として、頭山満などの大アジア主義者たちからカリスマ視された。西郷さえいれば、西洋文明によって神経衰弱になっているひ弱な青年たちに活を入れ、日本がアジアの盟主として君臨し、西洋帝国主義に対抗することができる――彼らは西郷を、西洋の価値観に「否」を突きつける反近代主義者として祭りあげたわけである。

こうした西郷のなかに同居する近代と反近代の矛盾は、西南戦争でさらにはっきりしたものになる。

西南戦争とは、明治一〇年に西郷を担ぎあげて引き起こされた士族の反乱である。三万人もの士族が数カ月にわたって日本史上最後の内戦を戦った。しかし、明治新政府へ反旗を翻した人びとの思いは実に多様であった。西郷軍へと身を投じた者のなかには、文明開化を呪い、福澤諭吉の暗殺も企てた増田宋太郎がいた。一方で、ルソーの『社会契約論』の抄訳を読んで感激した宮崎八郎もいた。はく奪された武士的特権を死守したい者もいれば、西洋思想を吸収し「第二の維新」を目ざす者たちもいたのである。

要するに、人びとは西郷のなかに、それぞれが思い描く近代と反近代を夢想していた。「西郷隆盛」という名前の響きには、それくらい主義主張を超えて人びとを惹きつけてやまない何か魔術的な磁場のようなものがあるのだ。

＊

本書は、明治維新最大の功労者・西郷隆盛をめぐる複数の著作に焦点をあて、この国の近代化一五〇年の意味を問う。わざわざ西郷隆盛にまでさかのぼるのは、明治維新以来一五〇年という長い期間を一望できる場所に立ち、おおきく深呼吸しなければ、今、私たちがいる地点を正確に見定められないと考えるからだ。

とりわけ東日本大震災以降、わが国では経済的不安定も手伝って、性急な政治運動を焚きつけたり、近隣諸国との緊張を煽るような言説が溢れていた。国内外に事件事故が頻発すると、自らの生きる意味や価値観は激しい動揺にさらされる。私たちは眼の前の不安を糊塗《こと》することに忙しく、分かりやすい「犯人」をやり玉に挙げ、陳腐な「解決策」を提示しては忘却するという状況に陥ってしまっている。こうした現在を、冷静に問い直すためには何が必要か？――筆者の取る方法は、日本の「近代」という広い視野から時代を俯瞰する、思想史という方法である。

あらかじめ断っておけば、本書の主眼は、西郷その人の言行を追うことではない。むしろ、その後に紡がれたさまざまな西郷像を辿ることにある。西郷研究という正史ではなく、その後一五〇年にわたって紡がれた西郷をめぐる精神史、いわば偽史を追うという意味である。そこには近代日本思想史を彩る、おおくの思想家たちが登場してくることだろう。よって西郷本人に興味を抱く人だけでなく、より開かれた読者を本書は想定している。

西郷が西南戦争をはじめると、夜空には西郷星と呼ばれる赤色の巨星が姿を現したという。あたかも西郷星の周囲をまわるように、その後の近代日本思想史は展開していった。福澤諭吉・中江兆民・勝海舟・内村鑑三・頭山満・来島恒喜《くるしまつねき》・幸徳秋水・夢野久作・丸山眞男・橋川文三・島尾敏雄・吉本隆明・三島由紀夫・竹内好・江藤淳・司馬遼太郎といった人物が、本書の舞台演出を支えている。

一五〇年の間に彼らが西郷について紡いだ言葉は、今なお、とても新鮮に聞こえることだろう。つまり西郷隆盛は、あらゆる思想の源泉であることを許す存在なのだ。いわば近代における「古典」なのである。こうして本書は幕をあける。

未完の西郷隆盛　日本人はなぜ論じ続けるのか　目次

第二章　ルソー――中江兆民『民約訳解』と政治的自由　59

第三章　アジア――頭山満『大西郷遺訓講評』とテロリズム　*103*

凡例

一　史料の引用にあたっては、読みやすさを考慮し、底本本文の旧漢字を常用漢字に改めた部分がある。かなづかいは原則、底本のままとした。

一　人名については、本名や号など複数ある場合、もっとも通用しているものを原則使用することとした。

一　同一名の論文や講評の文章が、全集や選集そのほか、所収のテキストによって異なる場合、原則全集の表記を尊重し引用した。原則から外れる場合は、その出典を明記してある。

未完の西郷隆盛　日本人はなぜ論じ続けるのか

第一章　情報革命——福澤諭吉『丁丑公論』と西南戦争

福澤諭吉　天保5年（1835）— 明治34年（1901）

1　情報革命の到来

成島柳北と福地源一郎

明治一〇年（一八七七）九月二四日の、夜明け前のことである。号砲を合図に、官軍は半年以上におよぶ西南戦争の最後の総攻撃を開始した。場所は現在の鹿児島県鹿児島市城山。鹿児島中央駅からバスで二〇分足らずの、小高い丘である城山からの眺望は、眼下の街並のむこうに錦江湾が伏せるように広がり、背後を圧倒的な迫力で桜島の威容が占めている。

その城山を舞台に、本書の主人公・西郷隆盛が率いる「賊軍」は、あくなき抵抗の精神を発揮した。しかし、一六〇人程度の西郷軍を、五万人の官軍が包囲しての戦闘の決着はすみやかであった。硝煙くすぶる早朝の城山には、血を洗い流すかのような豪雨が降り注いだと伝えられている――。

戦争終結から一カ月後の一〇月二四日、ひそかに一本の論文が脱稿された。福澤諭吉の『丁丑公論《ていちゅうこうろん》』である。全集版でわずか二〇頁強の、西郷を擁護するこの論文が実際に発表されたのは、なんと四半世紀後の明治三四年二月、『時事新報』誌上のことであった。連載途中の二月三日に、福澤自身は脳溢血でこの世を去っている。論文『瘠我慢の説』と合冊で出版刊行されたのは同年五月のことだから、いわば遺著のような作品である。

なぜ戦争直後に完成した論文の発表が、こうも遅れたのか。それには理由があった。西南戦争がはじまると、新聞を含めた世論は一斉に西郷批判の論陣を張るのだが、背景には、政府が布告した出版条例の存在があったとされる。明治二年五月に行政官達として布告されたこの条例は、数度の改定をへて、内務省が治安妨害と風俗壊乱を理由に、メディアを徹底的に取り締まる法律へと強化されていく。この状況を考慮に入れたため、西郷を擁護する論文の出版が見送られたのである。

とりわけ、明治八年に成立した讒謗律《ざんぼうりつ》が、新聞の報道姿勢に深刻な影響をあたえたと福澤は考えていた。たとえば熊本城をめぐる西南戦争の最初の攻防戦がはじまっても、『東京曙新聞』や『東京日日新聞』は、政府の眼を気にして一向に詳細を伝えない。福澤はいらだちを隠せずにいた。

左すれば熊本も真に落城か、或は唯の風聞か、何れにも事実は少しも分らず。狭き日本に郵便も電信もある其中に、数千人の籠れる一大城が落ちたか落ちぬか、一週日の間も真偽不分明とは、奇もまた甚しと云ふ可し。（『福澤諭吉全集　第七巻』岩波書店、一九五九年、六七四頁）

数千人の官軍が熊本城に籠城し、西郷軍と対峙する攻防戦で、どちらが優勢なのかすらわから

福地源一郎

成島柳北

ない。郵便や電信が発達してきた世の中であるにもかかわらず、落城したのかどうか一週間たっても詳細不明とは何事だと苛立っていたのである。

西南戦争は、国内最後にして最大の内戦であると同時に、近代報道の幕開けとも言われている。しばしば比較対照されるのは、『朝野新聞』記者の成島柳北と『東京日日新聞』の福地源一郎の二人である。

成島は戦争がはじまると、不思議なことに九州ではなく京都にむかう。そして風聞を基にした熊本城落城の記事を二度も三度もでっちあげてみせたり、京都市内の根も葉もない噂話を取りあげるなど、今日の新聞報道からはおよそ想像もできないような記事ばかりを書いていた。

だが成島自身は、こうした記事にいささかも違和を感じていなかった。なぜなら落書や風刺を重視する江戸時代の瓦版の伝統からすれば、風聞と噂話の類こそ、人びとの興味を掻き立ててやまないものであり、一定の物語形式に基づいて記事を書くことが、新聞の役割だと思っていたからである（加藤裕治「新聞報道の誕生」）。

一方で、『東京日日新聞』記者の福地源一郎は、まったく違う方法をとっていた。福地はただちに福岡に上陸、熊本で直接戦場を取材しようと試みたのである。

陸軍中将の山県有朋から軍団御用掛の命を受けた福地は、官軍取材という公務を帯びて戦地に入った。これこそまさに、現代の「事実」報道の姿であり、近代ジャーナリズムが産声をあげた瞬間だった。戦争開始から一ヵ月後の三月には、慶應義塾で学び、後に首相に登りつめる犬養毅も、『郵便報知新聞』記者として現地入りしていた。福地の事実報道の手法は、この西南戦争を境として主流になっていったのであった。

西郷と福澤の「危惧」

しかし、当時の福澤にしてみれば、風聞をもとに何度も熊本城を落城させる成島はもちろん、政府官命を帯びて取材をする福地も、ともに許せない報道姿勢と思われた。福地の「事実」報道でさえも政府寄りで信頼するには足らない——福澤の苛立ちの原因は、ここにあったのである。

登場したばかりのメディアである新聞全体にたいし、福澤はとても警戒的な見方をしていた。報道における客観性の大切さにいち早く気づいていた福澤は、慎重にも、自分は西郷とは一面識もない、だから庇護するつもりもないと『丁丑公論』のなかに書き添えている。その一方で福澤は、報道規制を進める政府とそれに追従する新聞、彼らを後押しする世論を意識して『丁丑公論』の公表を最初から半ば断念していたのだと思われる。

西郷と福澤は、情報のあり方が激変する「情報革命」の時代を生きていた。情報革命とは、新聞や郵便・電信の発達にくわえ、鉄道が全国に敷設されていく過程のことをイメージするとわかりやすいだろう。前島密と杉浦譲の手によって、東京・京都・大阪間で郵便制度がはじまったのは明治四年三月。新橋・横浜間に日本最初の鉄道が開業したのが、明治五年九月のことであった。鉄道によって物や人がものすごいスピードで移動し、新聞によって情報が拡散していく時代が幕を開けたのである。事実かどうかも定かではない情報に日本人が踊らされ、生活様式と価値観が大転換してゆく時代が到来した。

そして西郷が散った西南戦争もまた、このあたらしい時代の波から甚大な影響を受けていたのである。

この情報革命について、西郷自身はどう考えていたのか。今日、最も著名な西郷の言行録『南洲翁遺訓』には、次のような一文がある。西郷が時代の変化にいかに敏感だったかが、引用部分だけからもわかるはずである。

> 或いは耳目を開発せんとて電信を懸け、鉄道を敷き、蒸気仕掛けの器械を造立し、人の耳目を聳動《しょうどう》すれども、何故に電信・鉄道の無くては叶わぬぞ、欠くべからざるものぞという処に目を注がず、猥《みだ》りに外国の盛大を羨み…一々外国を仰ぎ、奢侈の風を長じ、財用を浪費せば国力疲弊し、人心浮薄に流れ、結局日本身代限りの外ある間敷《まじき》也。（西郷隆盛全集編集委員会編纂『西郷隆盛全集　第四巻』大和書房、一九七八年、一九七・一九八頁）

明治日本は、人びとを喚起啓蒙するために、電信をかけ、鉄道網を整備し、蒸気機関を導入している。しかしそもそもわが国は何のために、電信や鉄道を敷設せねばならないのかは、不問のままである。やみくもに西洋諸国を羨望し、華美になり財政を浪費すれば、日本の国力は疲弊し、人びとは軽薄な方に流され、国家はここで潰れてしまうであろう――。

電信と鉄道の発達によって、手紙や新聞など情報媒体が、日本の隅々にまで運ばれていくことの意味を、西郷は十分に理解していた。その結果、人びとの精神に何が起きようとしているのか、情報革命の危険性をも、「国力疲弊し、人心浮薄に流れ」という言葉で、いち早く指摘していたのである。

それにしても、「国力疲弊し、人心浮薄に流れ」とは、具体的にどうなることを指しているのだろうか。この西郷の危機感に敏感に反応したのが、福澤なのである。西郷の電信・鉄道網への危惧を恐ろしいまでに共有し、世界的視野から情報革命にたいする危機感を深めていった。まさしく地球規模で起きている変化に、日本も例外なく呑み込まれているという自覚を福澤はもっていたのである。

西南戦争にたいしても、福澤は情報革命という視点から分析を加えていく。そこからは、私たちが西南戦争にいだく最も典型的なイメージ――東洋豪傑風の大物が必敗の死地に散った戦い――とはまったく違う姿が現れてくるはずである。それは西郷自身が、近代化の波に呑み込まれていった事実を、証明する作業となるであろう。

西郷と福澤のつながり

福澤本人が『丁丑公論』で記していたように、意外にも西郷と福澤は直接の面識がなかった。しかし、両者の関係には浅からぬものがあった。たとえば西南戦争の最中、福澤は旧中津藩の同志とともに連名で太政大臣・三条実美《さねとみ》宛に建白書を提出し、諸外国に国政介入の隙をあたえないため、また国家財政上の危機をふまえても、休戦のうえ臨時裁判所をひらき挙兵理由を明確にし、公平な処分を行うべきだと訴えていた。

また西南戦争には、「はじめに」で触れた通り、福澤の再従弟である増田宋太郎が従軍していた。封建武士の厳格な家庭に生まれ、母方に神官の血筋をひく宋太郎は、少年時代は水戸学と国学に熱中し、尊皇攘夷に恋い焦がれていた。明治三年に福澤が帰省した際には、密かに周辺の情報を集め、福澤暗殺を企てたこともあったという（『福翁自傳』、『福澤諭吉全集　第七巻』一七九頁）。その後、慶應義塾で洋学を学んだ時期もあったが、結局、大分中津に戻り、『田舎新聞』と題する新聞の社長を務めていた。その宋太郎が二八歳になったとき、西郷の挙兵を聞きつけ、みずから中津隊を組織し、蹶起したのである。

一方で西郷の方も、福澤の著作をつうじてその見識を高く評価していた。征韓論争に敗北し下野した「明治六年政変」から一年後の明治七年一二月、フランス留学から帰国した陸軍少将大山巌に宛てた西郷の書簡には、次のように書かれている。ちなみに大山がフランス留学を切りあげ帰国したのは、宮内少輔《くないしょうゆう》の吉井友実《ともざね》から、西郷を大久保利通と和解させ、ふたたび中央政界に復帰させることができるのはお前をおいて他にいない、即刻帰国せよと説得されたからであった。

福沢著述の書有難く御礼申し上げ候。篤と拝読仕り候処、実に目を覚《さ》まし申し候。先年より諸賢の海防策過分に御座候え共、福沢の右に出で候ものこれある間敷《まじく》と存じ奉り候。何卒珍書丈《だ》けは御恵投願い奉り候。此《こ》の旨御願い旁《かたがた》御意を得奉り候。恐々謹言。(『西郷隆盛全集第三巻』一九七八年、四五六頁)

書簡からは当時、鹿児島に引きこもっていた西郷が、大山に貰った福澤の著書を読んで瞠目したことがうかがえる。また西郷が政府への出仕を拒みつつも、福澤の著作をつうじて、最新の洋学知識をどん欲に求めていたこともわかる。先立つ慶応二年に西郷は、大久保利通を介して漢訳版『大英国志』を入手し、イギリスの地理歴史への理解を深めており、『那波列翁伝初編』や『仏蘭西法律書』『愕仏戦記』なども蔵書してフランスの動静を探っていた。ナポレオン三世や普仏戦争についての知識も積極的に吸収していた西郷は、大阪滞在中のアーネスト・サトウに、国会の必要性を訴えたとさえ言われている(1)。

福澤は、こうした西郷の姿勢を人づてに知り、好意的なイメージを持っていたのであろう。だからこそ九月二四日に西郷が城山に死すとの報を受けると、『丁丑公論』を一息に書きあげ、擁護する立場にたったに違いないのである。

新聞報道への違和感

その『丁丑公論』の本文は、西南戦争に敗れた西郷を擁護する文章からはじまる。「抵抗の精神」とは、士族階級がもっている気概といった意味である。

> 近来日本の景況を察するに、文明の虚説に欺かれて抵抗の精神は次第に衰頽するが如し。苟も憂國の士は之を救ふの術を求めざる可らず…今、西郷氏は政府に抗するに武力を用ひたる者にて、余輩の考とは少しく趣を殊にする所あれども、結局其精神に至ては間然すべきものなし。（『福澤諭吉全集　第六巻』一九五九年、五三一頁）

近頃の日本の状況を見るにつけ、どうやら日本人は西洋文明を誤解し、士族たちがもっていた「抵抗の精神」を失いかけている。日本を思う者は、こうした維新以前の精神の喪失をどうにかして食い止める方法を見つけるべきだ。今回の戦争で、西郷は武力で明治新政府への抵抗をおこなった。武力を使うことは私の考える「抵抗の精神」とは、必ずしも一致しない。だが西郷の精神には、学ぶべきことがあるのではないか——冒頭から福澤は、同時代への怒りを書きつける。「抵抗の精神」の必要性を激しく訴える福澤は、むしろ武士の相貌を帯びていて、近代化の申し子のイメージを突き崩すに十分な迫力を感じさせる。

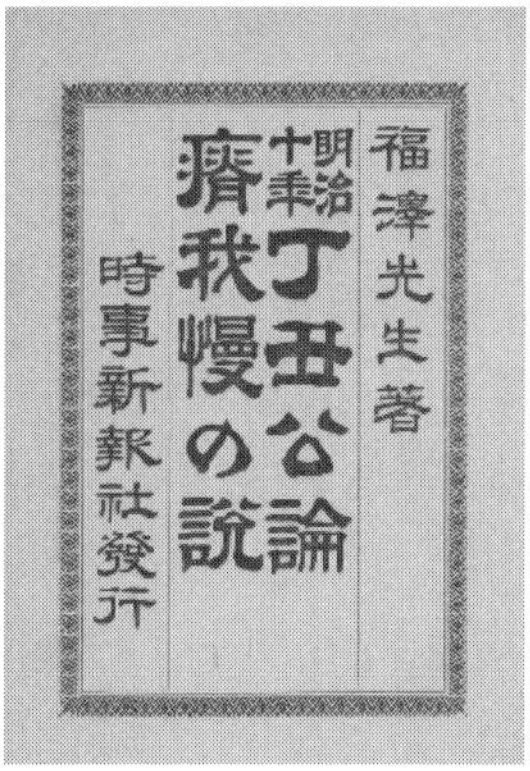

『丁丑公論・瘠我慢の説』

その上で、福澤はこうした現状が引き起こされた原因を、新聞報道と政府の言論統制に見いだしていくのである。

たとえば開戦以来、新聞は盛んに西郷を批判していた。曰《いわ》く、西郷は維新の際、楠木正成のように天皇への忠誠を誓う人物であったのに、わずか一〇年で一転、古今無双の賊臣になった。まるで平将門が汚名を遺したように、今度の戦争で悪名を轟かせてしまった。西郷の心境の変化は理解しがたい。どうして西郷はこうも変わってしまったのか――。

新聞紙面に躍るこの手の論調を読みながら、福澤は激しい違和感に襲われていた。確かに西郷が武力を用いたことは、批判されなければならない。しかし武力蜂起への違和感と同じくらい、新聞の報道姿勢もおかしい。新聞をみれば一目瞭然のとおり、それは事実報道とはかけ離れた虚妄の情報に過ぎない。にもかかわらず、人びとは紙面に躍る言葉に一喜一憂し、口をそろえて西郷を批判している。

大義名分と政府見解の同一視

こうした世論にたいし、福澤は疑問の筆を走らせていく。

市井の人たちが西南戦争をめぐりお喋りしているのは、まだしも許すことができる。噂話の域をでないからだ。あるいは月給取りに汲々としている政府の役人が、自己保身のために手のひらを返したことも理解しよう。しかしこともあろうに、高度な学問を積んだはずの「学者士君子」が、西郷批判の先頭に立っているのはどういう訳なのか。さらに文明化の象徴であるジャーナリズムに携わる者たちまでもが学者と結託し、ついこの間まで「維新の勲功第一の偉人」と持ちあげていた西郷を罪人に仕立てあげ、徹底的に罵倒するのはなぜか。

疑問に答えるための鍵は、世間で流通している「大義名分」という言葉にあると福澤は気づいた。学者たちは、国民の道徳心は国家をつくりあげるための基礎だと言っている。もし大義名分を破って、政府に抵抗することを自分たち知識人が許したならば、国民の道徳心は荒廃し、「廉恥節義」の源を絶ってしまう恐れがある――このように学者たちは考えていたのである。

とりわけ福澤が注目したのは、西郷を非難する彼らが、大義名分と政府見解を同一視している点であった。時の政権が決定した価値観が、そのまま正義になる。それから逸脱した者は、即座に悪の烙印を押される。かつて、旧幕府や藩が存在していた時代には、彼らが指定した大義名分に従順であることが、すなわち正義であった。ところが幕府や藩が解体すれば、翌日から明治新政府の価値観と正義観が、何の違和感もなく新たな大義名分の座につくのだ。

だとすれば、学者たちにとって道徳的な人間とは、転変する時代の正義観をその時その時、ただ肯定し従順に受け入れる人間を意味するだろう。「然るに今の所謂大義名分なるものは、唯黙して政府の命に従ふに在るのみ」。だがこうした体制順応主義で、西郷を批判するのは間違っている、と福澤は言うのである。

今、西郷は兵を挙げて大義名分を破りたりと云ふと雖も、其大義名分は今の政府に対しての大義名分なり、天下の道徳品行を害したるものに非ず…西郷は立國の大本たる道徳品行の賊

にもあらざるなり。（『福澤諭吉全集　第六巻』五三六頁）

今、西郷が挙兵し大義名分を破ったと世間は言っている。だがそれは新政府にたいしての名分に過ぎない。別に普遍的な道徳を害したわけではないのだ。だから西郷は国家をつくる基礎、つまり道徳と品位を傷つけた者でもない。西南戦争をめぐる著作『丁丑公論』の冒頭で、福澤は、政府の情報統制に浮き足立つ学者と新聞報道に注目し、徹底的に批判しているのである。

政府の情報統制とその帰結

西南戦争のこの時期、情報革命によって時代が過渡期をむかえ、従来の価値観の瓦解が起きていた。にもかかわらず、学者たちはその亀裂から眼を逸らし、ただひたすら新政府に盲従していた。新政府から提供される情報を、そのまま報道し、西郷を道徳的に堕落した賊だと言い募っている光景が福澤の周囲にはあった。

学者たちは政府からお墨付きをもらい、相手に悪の烙印を押すことができる特権的な立場に身を置く。学者の眼からは、西郷が善から悪に豹変したように見えることだろう。しかしこのような西郷批判は、実は「政府の専制」を許しているだけではないのか――。

学者のおおくが、生半可な知識で頭をいっぱいにして、政府の役人に雇用されていく。そして明治新政府に抱えられた彼らを、新聞記者たちは風見鶏のごとく援護している。すべての情報が政府に集約され、政府からでていく。だとすれば、新政府がすすめる文明開化政策を、俯瞰し、外部から批判評価できる人材が学界やメディアからいなくなってしまう。情報革命の毒を、解毒する気概をもった「抵抗の精神」はどこにいってしまったのか。

このような現状のもと、福澤にとって最も深刻だと思われたのは外交問題であった。政府が情報統制を行うことで、国際社会がどのような状況なのか、日本はどのような影響を受けていて、国家としてどうあるべきかを、人びとが考えられないと思ったのである。

当時、日本の周囲には自らの価値観を普遍的なもの、絶対的なものであると称する「西洋文明」が現われていた。アジア諸国は、その勢いに呑み込まれかけている。西洋文明という普遍性に襲われている日本が、自国らしさを保っていくためには、政府による情報独占は逆効果しか生みださない。なぜなら熾烈を極める外交や通商を、少数の政府の役人だけで賄うことは到底できないからだ。「国民（ネーション）」の創出がつよく求められている時代に、情報統制は人材不足を引き起こすだけなのである。

福澤のいう「日本には政府ありて国民（ネーション）なし」という危機的状況を、明治新政府の情報統制が生みだしているのであった。すでに明治八年の『文明論之概略』に、外交への憂慮を福澤ははっきりと描いている。

政府の独り関する所なれば人民は未だ之を知らず、啻《ただ》に下賤の群民これを知らざるのみならず、学者士君子、又は政府の官員と雖ども、其事に與《あずか》らざる者は之を知る可きの手掛りある可らず。故に我國の人民は外國交際に付き、内外の権力果して平均するや否を知らず…（『福

澤諭吉全集　第四巻』一九五九年、二〇二頁）

本来であれば、西洋文明の襲来がこの国にあたえる影響を冷静に分析し、それを外交政策に活かす人材とメディアが必要なはずであり、それを広く国民が共有すべきであった。ところが国内外の危機を前にして、人びとは「極熱の火を以て極寒の水に接するが如く、人の精神に波瀾を生ずるのみならず、其内部の底に徹して顛覆回旋の大騒乱を起さざるを得ざるなり」という混乱状態に陥るばかりで、外交の冷静な判断などできなかった。

「文明の利器」と「文明の精神」

つまり学者も市井の人も、情報統制によって諸外国の正しい事情を知らされず、一方では、新聞の根拠薄弱な情報に躍らされていた。その帰結が明治一〇年の今、西南戦争となって眼の前に現れたのだ。その福澤から見たばあい、情報革命時代の最初の犠牲者が、敗死した西郷なのである。

例へば明治十年鹿児島の一類が暴発したるとき、其勢力実に強大なりしかども、彼れに電信郵便の便なく、蒸気船の備なし、又印刷を利用して自家の主義を広布するの法を知らず。之に反して政府に於ては電信以下の利用、一として備はらざるはなし…之を要するに西南の暴徒は文明の利器に敵して敗したるものと云ふ可し。（『福澤諭吉全集　第八巻』一九六〇年、六〇

六頁）

西南戦争に西郷が敗れたのは、電信や郵便によって迅速に情報を伝達できなかったこと、さらに蒸気船によって輸送ルートを確保できなかったこと、つまり「文明の利器」に敗北したからだと福澤は言う[2]。電信や新聞、さらに印刷などの文明の利器は政府に独占され、人びとへ政府見解を喧伝するプロパガンダに利用されてしまった。

ここで言う「文明の利器」とは、福澤が理想とする「文明の精神」とはまったく違っていることに注意しなければならない。すでに以前、『学問のすすめ』のなかで、「今日本の有様を見るに文明の形は進むに似たれども、文明の精神たる人民の気力は日に退歩に赴けり」と指摘していたように、文明の利器と文明の精神はまったく別物なのである。

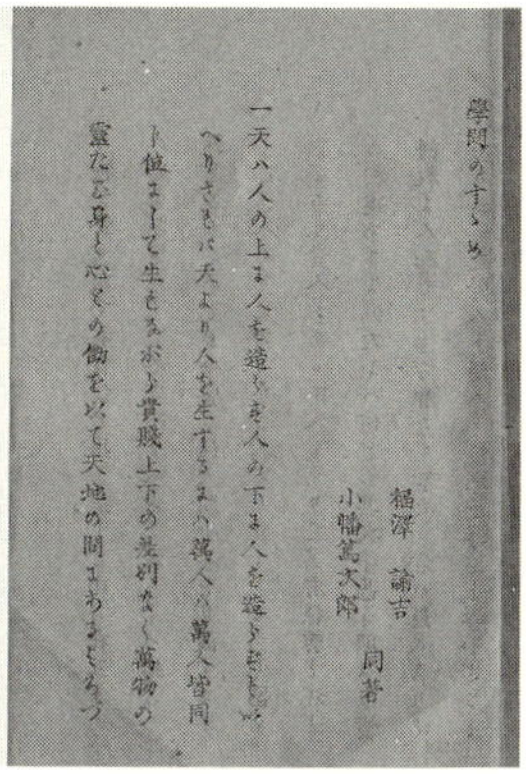
學問のすゝめ

福澤諭吉　小幡篤次郎　同著

一天ハ人の上に人を造らず人の下に人を造らずと云へりされバ天より人を生ずるにハ萬人ハ萬人皆同じ位にして生れながら貴賤上下の差別なく萬物の靈たる身と心との働を以て天地の間にあるよろづ

『学問のすすめ』

西郷が死とともに示した士族の「抵抗の精神」は、福澤が理想とする「文明の精神」に深いかかわりをもっている。ところが、電信・郵便・印刷、そして新聞などの「文明の利器」の方が社会を席巻し、むしろ情報革命がもつ負の側面を露出させている。文明の利器と文明の精神、この両者の違いに敏感でなければならない。その違いは、明治新政府が生みだそうとしている近代日本と、西郷が目ざした「もう一つの日本」の差異を教えてくれるはずである。

廃藩置県と旧士族の不満

福澤は、西郷の無謀ともいえる蹶起の原因を、西郷個人の心理だけで説明することはできないと考えていた。福澤の見るところ、西南戦争は、単に西郷が死に場所を求めたからはじまったのではないし、士族の総帥として死をも厭わず、後輩の滾《たぎ》る思いに応えたからでもない。では何が根本原因なのか。廃藩置県と征韓論争をへて、神風連《じんぷうれん》の乱などの反政府反乱を目撃するなかで、福澤は次第に、情報革命が士族にあたえる影響の重要性に気づいてゆく。

史上初の決定的情報戦とも言える西南戦争にいたる西郷の足取りは、井上清・坂野潤治・猪飼隆明・小川原正道らおおくの西郷研究者が指摘するように、廃藩置県から明治六年政変、さらには台湾出兵に遡って考えねばならない。以下、西南戦争までの歴史的経緯を詳しく見ていこう。

明治四年（一八七一）旧暦七月一四日、薩長土の三藩を中心とした「御親兵」の武力を背景に、新政府は三〇〇にのぼる諸藩の統治を一挙に廃し、封建制から郡県制へと移行した。廃藩置県である。封建制を親の仇とまで憎み、その閉塞感を『旧藩情』で暴露した福澤は、廃藩置県を自由への照光であると手放しに賛美した。

しかし、この廃藩置県の成功は、当の御親兵たちから生きる目標を奪い去ってしまった。制度が変更されたからと言って、彼らの出身藩への忠誠意識が急に解体するわけではないし、人心がすんなりと新政府に集まり安定するわけでもなかった。むしろ事態は逆であった。なぜなら、後に東京大学初代綜理になった加藤弘之が論じたように、廃藩は、勤王精神とある種の東洋的気質をもった者たちが引き起こした復古的事件だったからである（河野有理『偽史の政治学』白水社、二〇一七年、七五頁）。つまり廃藩置県は封建制を否定し、近代化を目ざす変革であったが、それを担った士族たちの気質は、古色蒼然とした前時代的なものだったのである。

事実、変革をもたらした御親兵たちは旧藩意識が抜けず、名称が御親兵から近衛兵に変わり、明治五年三月に長州出身の山県有朋が陸軍大輔と近衛《このえ》都督《ととく》を兼務するようになると、最大派閥の旧薩摩藩兵による山県への反発が蠢《うごめ》きはじめる。ちょうどその折、長州出身の商人・山城屋《やましろや》和助《わすけ》が公金不正使用事件を起こすと、旧薩摩藩兵の不満が爆発し、山県排斥運動にまで発展する。結果、七月に山県は近衛都督の辞任を余儀なくされ、後任として近衛都督の座につき、参議と元帥を兼務したのが西郷だったのである。

山県有朋

その後西郷は、目標を見失い、振りあげた拳の落としどころに窮した近衛兵が暴発するのを抑えつけることに日々苦悩していた。士族のあいだには、時代の断絶の溝をうまく渡ることができず、自身の存在意義を容易に見いだせない鬱屈と懐疑が渦巻いていた。

たとえば、明治五年（一八七二）八月一二日の大久保利通宛書簡に、西郷は、いかに際どい均衡の上に暴力の激発が抑えられているかを書いている。先の公金不正使用事件で、批判の矢面にたつ山県を庇いつつ、この一件を何とか処理する日々のなかで、西郷は自分が置かれている状況を次のように感じていた。

実は鹿児島隊の難物も是迄打ち任せ置き候次第、不行届《ふゆきとどき》の訳にて御座候間、此の上は共に尽力仕るべく候に付き、何卒再勤いたし呉れ候処再往相願い候処、漸く合点致され候に付き、私には元帥にて近衛都督拝命仕り、当分破裂弾中に昼寝いたし居り申し候…此の三県の兵は天下に大功ある訳にて、廃藩置県の一大難事も、是がために難論を起し候処もこれなく、誠に王家の柱石《ちゅうせき》にて御座候。（『西郷隆盛全集　第三巻』二九六・二九七頁）

廃藩置県で最大の功績をあげた薩長土三藩供出の士族たちは、まさしく「王家の柱石」として称えられるべきであった。しかしその上に立つ西郷の心持は「破裂弾中に昼寝」という緊張を強いられていたのである。士族たちが自らの活躍の場を求めて外征を欲している状況が国内に生まれていた。新聞などの情報は、こうした不平士族の心をかき乱すことにも、一役買ってしまうのである。

征韓論の挫折

明治四年の散髪脱刀令も明治六年の徴兵令も、士族たちの不平に火に油を注ぐような布告であった。人は自らのプライドを傷つけられない限り、実は多くについて妥協することができる。し

征韓議論図

かし自明と思えた生活習慣の放棄を余儀なくされ、ひと昔前まで従者だった者が、今や同じ目線の高さで世間を見ている。人はこういう場合、そう容易に変化を受け入れることはできない。江戸という時代に限っても、二百数十年にわたり「常識」とされていた生活が、一夜にして否定された。士族たちのプライドは傷つき、世界の遠近法は反転し、深刻な精神的危機に陥った。

自尊心を傷つけられ自分の存在意義を見失った士族は、国内の至る所にいた。たとえば、筑前福岡藩の士族は、新政府が小倉にも鎮台をつくり、百姓町人に洋服を着せてチャルメラみたいな喇叭を吹かせて調練をおこなう姿を見て、激高した。維新回天の事業に参加できず薩長土の三藩に後れを取ったことで、ただでさえ自分たちの存在意義に悩んでいたのに、鎮台兵たちの姿は、その自尊心をさらに著しく傷つけるものであった。

町人あがりの鎮台兵に何ができるものか、戦が専門の士族を舐めるなかれ——政府内外の元武士たちの期待を一身に背負ったのが、西郷の征韓論だったのである。

征韓論は、もともと維新当時に木戸孝允が熱心に説いていたものであったが、岩倉使節団の一員として欧米の圧倒的な国力を思い知った木戸が興味を失うと、それと入れ替わる形で、日本で留守を預かっていた西郷が興味を抱きはじめ、いつしか西郷の持論とみなされるようになっていた（井上清『西郷隆盛』中公新書、一九七〇年）。

後に、大アジア主義を掲げる結社「玄洋社」に参集した若者たちの一人、奈良原到は、征韓論当時の心情を思いだし、旧知の夢野久作に次のように語っている。

そうした不平士族の連中の中には西郷隆盛の征韓論の成立を一日千秋の思いで仰望していたものが少くなかった。祖先伝来の一党を提《ひっさ》げて西郷さんのお伴をして、この不愉快な日本を離れて士族の王国を作りに行かねばならぬ。武士の生涯は武を以て一貫せねばならぬ。町人や百姓と伍して食物を漁り合わねばならぬ、犬猫同然の国民平等の世界に、一日でも我慢が出来《でく》るか…（夢野久作『近世快人伝』文春学藝ライブラリー、二〇一五年、七九頁）

ところが後世の私たちが知るように、征韓論は岩倉具視と大久保利通によって封じられてしまう。それに反発した西郷は、明治六年一〇月二四日政府に辞表を提出し、下野した。西郷に従って板垣退助や後藤象二郎らも次々に政府を去った。その後、板垣退助は自由民権運動へと舵を切ってゆく。

明治七年、佐賀の乱に江藤新平は散った。明治九年には廃刀令をきっかけに神風連の乱が起こり、さらに秋月の乱に呼応した前原一誠は萩で命を落とした。大陸に眼を転じれば、台湾出兵、江華島事件から日朝修好条規締結までがこの時期にあたっている。新政府が朝鮮とのあいだに国交を樹立した以上、征韓論は完全に頓挫した。海外雄飛の可能性を絶たれた鬱屈は、新政府への不満となってさらに増殖していった。

それでは、鹿児島に戻った西郷は、どうしようというのか。不平士族はもちろん、新政府も固唾を飲んで注視していた。このような廃藩置県から士族反乱にいたる過程を見届けながら、福澤諭吉は情報革命の重要性を発見していく。

戦争を煽る新聞

たとえば征韓論争後の相次ぐ武力騒乱のさなか、福澤は明治一〇年に論文『分権論』を書いている。そこで福澤は、士族反乱が相次ぐ原因を探り、郵便の発達と新聞・著書の出版によって、地方にも東京の情報が拡散し始めたことに一因があると指摘した。

以前ならば地方では情報が少なく、中央で新政府の要人たちの華美な建築物ができても知るすべもなかった。しかし今では、情報が流れつくことで嫉妬と羨望が生まれ、都会の淫猥な風俗を嫌悪する気分が生まれている、と福澤は言うのである。

東京に在住する者であれば、新聞記事に書かれている内容を自分の目で確認することができるので、大袈裟で煽情的な記事を読んでも、冷静に対処することができる。一方で地方の者ほど掲載された情報を貪り読み、本気にして信じてしまう。新聞の内容こそが事実であり、世間の通説

『分権論』

だと思ってしまうのである。西郷が下野した鹿児島の地では、不平士族たちがまさにこうした状況の典型例になりつつあった。

そして福澤は次のように新聞を批判する。特に最後の一行に注意を払って読んでもらいたい。

> 顧て新聞社の帷幄《いあく》を見れば、各社互に少しく其論説の風を異にして、自家は自家の定説を主張するが如くなりと雖ども、最第一の緊要事は、論説の如何よりも売捌《うりさばき》の如何に在て存するものなれば…甚しきは温柔嬌艶《きょうえん》の文飾を却掃《きゃくそう》して殺伐乱暴の質を発露し、罰金をも憚らず禁獄をも恐れず、犯罪の多少を以て売捌き盛衰を卜《ぼく》する者あるの勢に至れり。故に今の新聞記者も亦間接に兵乱を教唆する者なり。（『福澤諭吉全集　第四巻』二五二頁）

新聞各社の論調はそれぞれ違っていて、自説を展開しているように見える。しかし各社共通の最優先事項は、内容ではなく売れ行きなのだ。だからひどい場合、文体の粗雑さと暴力性が露わになり、政府からの罰金や懲罰も厭わない。むしろこうしたスキャンダルの数が、売れ行きを左右するような状況にまでなってしまった。だから新聞記者こそ、間接的ではあれ士族反乱を煽っている張本人である——このように福澤は論難しているのだ。

実際、『郵便報知新聞』は「一大政変の暴発」の可能性を指摘していたし、士族民権派の機関紙『評論新聞』には「圧制政府を自滅するの説」「圧制政府転覆すべきの論」「圧制を破滅するは論者の義務たる論」などの言葉がセンセーショナルに躍っていた。事実を報道するのではなく、成島柳北の『朝野新聞』のように、江戸時代さながらに人びとの興味を掻き立て、煽り立てる記事ばかり作ることに専心していたのである。

なかでも『評論新聞』は、半年の間に一七人の編輯者や筆者が、筆禍の処罰を政府から受けるほど激しく士族反乱のアジテーションをくり返していた（遠山茂樹『明治維新』岩波現代文庫、二〇〇〇年）。

『評論新聞』は、鹿児島出身で桐野利秋や篠原国幹《くにもと》らとも親しかった海老原穆《ぼく》が明治八年に立ちあげた新聞で、征韓論を主張し、西郷が設立した私学校でおおいに愛読されていた。西南戦争挙兵当時、私学校ではこの新聞以外の閲覧が禁じられていたという。相次ぐ筆禍事件を起こした『評論新聞』は、実は西郷周辺の情報源を一手に担っていたのである（小川原正道『西南戦争』中公新書、二〇〇七年）。福澤から見れば、まさにこのような新聞情報こそが、士族に反乱を唆《そそのか》し、西郷を非業の死へ追いやったと思われたのである。

2　世界史的事件としての西南戦争

『民情一新』と官民の軋轢

新聞情報に躍らされる大半の人びとの傍らで、福澤はいち早く冷静に時代の病理を見抜いていた。三度の洋行による海外事情の実見と、留学先で買い込んだ大量の洋書を読み漁ることで獲得した知識は、福澤に日本の現状を見極めることを可能にした。そしてついに『民情一新』という著作に結実したのである。

明治一二年、情報革命による人心の動揺を理論的に分析し、福澤は『民情一新』を世に問うた。この本は、ロシアの国内情勢を受けて書かれたものだが、背後には二年前に起こった西南戦争に触発された福澤の危機意識が、色濃く反映していることが感じられる。『丁丑公論』と『民情一新』は、問題関心において深い関連性をもっているのだ。

明治八年に書いた『文明論之概略』では、明らかに西洋文明を目標に定めていた福澤が、『民情一新』では、「然るに爰《ここ》に怪しむ可きは、我日本普通の学者論客が西洋を妄信するの一事なり」と、西洋崇拝への激烈な批判を説いている。ここまで西洋への評価を反転させた理由は、やはり情報への注目にあった。

一八〇〇年代後半は、一言でいえば「蒸気、電信、印刷、郵便の法、俄《にわ》かに進歩」した時代である。結果、人びとの生活様式は激変し、西洋諸国はある種の精神的混乱——それを福澤は「狼狽」と「二元素」さらには「極端主義」と呼ぶ——をきたしていたのだ。

なかでも印刷と郵便は、人の見聞を広める最有力の媒体である。大量の情報を載せて、鉄道が自在に往来運搬し、蒸気船は大陸へむけて貨物を運びだす。蒸気と電信の発達は国内の情報格差をなくし、瞬時に人びとのもとへと速報を伝える。

鉄道の駅ができれば、寒村はたちまち地価が高騰するであろうし、津軽の女性が薩摩の人と知りあい、嫁に行くこともあり得る話になる。午前中に大阪で製造された菓子が、午後には東京のお茶席に届く時代も早晩やってくる。方言はなくなり、識字率も上昇するかもしれない——。

これが、福澤がイメージする情報革命の帰結である。このような大変化が起これば、人間精神の大騒擾《そうじょう》が起き、日本もまた狼狽に呑み込まれることは必定だ。ここで日本国内の人びとで、保守的な性格の人と、近代的進取の気性をもった人物のうち、情報に飛びつくのは間違いなく後者であろう。だが、後者を単純に新時代の旗手として肯定していれば済むわけではないことに、福澤は気づいている。

情報革命の結果、西洋諸国はどうなっているかを見てみると「世界諸国の風に於ては必ず官民の不和」が起き

『民情一新』

てしまっている。あたらしい情報を得た人が、それをすぐさま拡散する。刺激的な情報は、直ちにおおくの人びとの心を昂奮させる。政府はその措置に困惑し、不安に襲われ過激な対応に終始し、官民の軋轢が増す。ここに情報拡散と情報統制がせめぎあう負のスパイラルがはじまるのだ。これを福澤は次のように論じる。

今日の勢にては人民の心情は彼の利器に乗じて一時に進退を逞《たくまし》ふし、心波情海滔々《とうとう》として他の徐々に謀《はかりごと》を為すものを許さず。官民の軋轢益《ますます》甚しからざるを得ざるなり。

文明開化次第に進歩すれば人々皆道理に依頼して社会は次第に静謐《せいひつ》を致す可しとの説は…畢竟漠然たる妄想にして毫《ごう》も証拠なきものなり。（『福澤諭吉全集　第五巻』一九五九年、三一頁）

電信や鉄道などの利器が時代を席巻することで、人びとの心情は一進一退、動揺をつづけている。緩やかな改革を許さず、政治は官民の軋轢がひじょうに強くなっている。つまり、文明開化が進むと人びとは倫理的になり、社会は調和するという進歩観は完全な妄想であり、無根拠なのである。

文明開化によってシルクハットや外套、レンガ造りの建築物ができる。だがそれは表面的な文明にすぎない。文明化がもつ決定的な側面、しかも負の側面は、情報流通量の激増にあるのだ。

福澤によれば、地方の寒村に住む者が都会に洋風建築が建ち並んでいることを知り、伝統文化が失われていくことに怒りを感じたとしても、彼らは必ずしも保守的人間とは言えない。なぜなら文明開化に遅れたように見える彼らは、その実、新聞のあたえるイメージと激増した情報の濁流に呑み込まれているからだ。情報に心を鷲づかみにされ、翻弄されている。保守的な態度それ自体が、実は文明開化の毒を深く吸い、本来の落ちつきを失っていると、福澤は指摘しているのである。

後発資本主義国家ロシア

『民情一新』において、とりわけ福澤が注目したのが、後発資本主義国家ロシアである。情報革命がもたらす社会の混乱を、日本より一足早く経験している国だからであった。

アレクサンドル一世の死去にともない、一八二五年に即位した皇帝ニコライ一世は、きわめて保守的な態度で政治を行った。その一例が、鉄道建設の否定である。鉄道は人びとのあいだに過度の流動性を引き起こし、自由主義・平等主義のまん延を助長すると警戒したのだ。

にもかかわらず一八三〇年代以降、反政府運動は急速にその組織を拡大する。その背景には亡命知識人による雑誌の発行、そしてロシア国内への出版物輸入の影響があった。いかなる偉大かつ伝統を誇る皇帝であったとしても、世界史的な動きを止めることはできるわけがない。具体的にはドイツ古典哲学、およびフランスユートピア社会主義などが流入・紹介された。四〇年代なかばに、フーリエの空想的社会主義思想に傾倒するペトラシェフスキーのサークルに、ドストエフスキーが加わるのもこの流れの中にある。祖国ロシアとは何か——国際社会での自国の位置づけと、今後の方針をめぐって激しい革命論争が戦わされた。飛び交う情報はその際、最大の活躍を見せることになる。

　一例だけを挙げておこう。当初、徹底した西欧主義者であった思想家ゲルツェンは、一八四七年にフランスへ亡命した際、格差と欺瞞に満ちた西欧諸国の実情を前に絶望した。以後、古き良きロシア農村共同体を再発見し、その重要性を強調していく。ロシア農民は改革の嵐が吹き荒れても、自らの共同体のなかに引きこもり、顔をだそうとはしない。この前近代的で素朴な生活にこそ、逆に近代社会の病弊を超克する糧があると考えたのである。寒村に生きる無垢の民を信じ、彼らの真の解放を願っていた。

ゲルツェン

　そして、このゲルツェンこそ『民情一新』で福澤が取りあげた「ヘルズン」その人である。ゲルツェンは一八五三年、ロンドンで「自由ロシア出版所」を設立し、さらにはアレクサンドル二世治下の一八五七年には雑誌「コロコル」を月一回程度のペースで発行した。この雑誌は政府の監視下にあるにもかかわらず、当時ロシア国内で二五〇〇部ほどが流布したとされている。

　かくしてロシア人民の解放のために、新聞・雑誌の発刊は澎湃《ほうはい》として湧き起こった。一八五八年から一八六〇年のわずか二年間に、あらたに七七もの出版社ができたとされる。この情報革命の影響をうけて、自由主義思想がヨーロッパからロシアに流入した。流行病のようにまん延する思想の拡大を、政府はどうすることもできない。声高な政治談議が、巷には溢れかえっていた。

ロシアという先例

ロシアで起こった情報革命の姿を、英訳書を通じて読んだとき、福澤をとらえた感動と焦燥感は、いかばかりのものであっただろうか。福澤は『民情一新』のなかで、次のように述べている。当初、西洋文明をあれほどまでに称揚していた人物が、今や、自由という言葉にさえ懐疑の眼をむけ始めていることに、あるいは驚くかもしれない。

遂に千八百六十一年二月に至て奴隷の法を廃したれども、此一挙を以て人心を鎮静するに足らず。蓋し数百年来の旧慣を一事に変革したることなれば、奴主の不便利は固より論を俟たず、其放解せられたる奴輩も頓に放たれたる籠の鳥の如く方向に迷ふて行く所を知らず、籠を出たるの自由は以て籠を奪はれたるの難渋を償ふに足らざればなり。（『福澤諭吉全集　第五巻』二三六頁）

情報に刺激されたロシアでは、一八六一年に自由主義者によって農奴解放が行われた。しかしこの善意の行動が農奴の心に平穏をもたらすことはなく、むしろ混乱に突き落としたのだ。数百年来の生活のリズムと価値観の瓦解は、奴隷であった者たちから「奴隷」という役割を剝ぎ取ったが、その代わりに何一つ新たな役割をあたえなかった。農奴たちはどこに飛んでゆけばいいのか途方にくれる鳥同然になってしまったのである。籠をでることで獲得した「自由」は、むしろ

「難渋」だったのだ。

ニヒリストという帰結

以上の福澤の意見は、次のように解釈するとよいだろう――たしかに、自由は美しい理想である。だがあまりに急激に自由へと解き放たれた元奴隷は、実は社会的役割をもたない無個性の「人間」になってしまう。何の特徴もない存在になり、途方に暮れてしまうのである。

また自由とは、その人がどこに行ってもよいという意味である。だが人は、眼の前に広がる真っ白な空間だけでは方角を選択することはできない。たとえばあちらに光が見えるとか、むこうには山がありそうだとか、水が欲しいがそれはどこにありそうかといったあらたな価値判断によって、はじめて人は方向を選択し一歩を踏みだせる。しかし余りにも急激な価値観の崩壊は、彼らからそうした世界にたいする方向感覚、価値観を奪い去ってしまった。福澤は、こうした顚末を招いた「ニヒリスト」という存在に注目を促す。

一切万事人為の旧物を一掃せんとするの企望にして、此大望を成すには先づ國帝を殺戮して之を無にし、以て他に及さんとする者なり。其党類固《とうるいもと》より少なしと雖ども、其勢は極て猖《しょう》狂《きょう》なりと云ふ可し。之を「ニヒリスト」の党と云ふ。（同前、三八頁）

過激な近代化へと人びとを先導し、方角を見失わせたのは、情報革命で激情を噴出させた「自由主義者」たちであった。彼らは元農奴とは逆に、方角が見えすぎている。新思想で頭をいっぱいにした彼らには、世界の進むべき道がはっきりと見える。現実の社会関係を、新思想一色で塗り潰すことに憑かれている。彼らは最終的には、今ある社会秩序一切を否定し、皇帝暗殺など過激な行動に走る「ニヒリスト」と呼ばれる暴徒集団に変化していったのだ。

当初、旧秩序への健全な違和感とその打破を目ざしてはじまった自由主義運動は、病的なものへと豹変していった。嘲笑と破壊、否定と暴力それ自体が、自己目的化してしまったからである。彼らが寄り添うはずだった無垢なロシアの民――生活のリズムに従って生を刻む人びと――から遊離し、偽善の泥沼にはまりこんでいったのだ。

こうしたニヒリストを抑えこもうとする政府側もまた、飛び交う情報に狼狽していた。自由思想や民権思想と聞けば、即座に弾圧しようと打ってでた。相手にたいするイメージは、極端な方へ極端な方へと暴走する。互いを敵視排除しようとする有様は、潔癖症の人が異常なまでに手を洗おうとするのに似ていると福澤は思っていた。

福澤は、こうしたロシアのニヒリストと政府双方の傾向を、「二元素」あるいは「極端主義」と呼んだ。衣食が満たされ教育も十分に受けてきたはずの人たちが「近代」という名の禁断の果実を食べたがゆえに、善悪で極端に世界を色分けし、破壊を好むニヒリストとなって跋扈《ばっこ》する。それを抑えつけるために政府が情報を独占し弾圧をくり返す――福澤はロシアに関する書物を貪り読み、人間心理を解釈することで『民情一新』を書いたのである。

明治一二年の段階で、福澤はこれほどまでに深く海外情勢を洞察していた。すべての努力は、日本国内の時代診察と正確な理解のためになされたものであった。同時代の世界情勢を俯瞰した眼でもって、もう一度、西南戦争前後の日本を見直してみることにしよう。

明治日本との類似性

ロシア情勢と西南戦争をふまえたとき、福澤は手にとるように明治日本の状況を把握することができたに違いない。なぜ学者が政府見解に同調するのか。市井の人びとばかりでなく、士族もまた新聞報道に翻弄されるのはなぜなのか。そして西南戦争勃発の本当の原因は、いったいどこにあるのか——こうした疑問に今や福澤は、はっきりと答えを用意できたのである。

維新後の鉄道開設や電信・郵便の発達は、一見するところ、日本社会の智慧の働きを活発化したようにも見える。しかしそれは時代診断として、誤診であると福澤は気づくことができた。たとえば近代化の象徴である国法をめぐる議論においてすら、洋学者たちの態度は次のような有様であったからである。

故に其事物の理をを《ママ》求るに当り、只管《ひたすら》簡易明白を旨として、却て雑沓混乱の際に真理の存するあるを知らず。事物の得失を論ずるに当り、恰も積極と消極との二元素を目的に定めて、其両極の間に尚幾多の元素あるを知らず。(「國法と人民の職分」、『福澤諭吉全集 第二十巻』一九六三年、九五・九六頁)

新知識を身につけた者ほど、相変わらず極端な思考に陥っている。福澤の眼には、洋学者たちのふるまいは、ロシアのニヒリストたちの「極端主義」な態度と驚くほど似たものに映った。

さらに、明治新政府を批判することに終始し、士族反乱を助長している日本の新聞、あるいは逆に西南戦争で西郷を批判する御用新聞、いずれも論調が極端である点でこれまたロシアとなんら違いはなかった。

日本国内を見ているかぎり、新政府や洋学者、新興ジャーナリズムは、あたらしい時代の価値観の波に乗って、文明開化しているように見える。ステッキに洋装、蒸気機関車から郵便にいたるまで、用いる器は変わり目新しく思えるが、日本人の思考と行動のパターンはロシアの危機的状況とほとんど変わらない。極端で不寛容という意味で、ロシアと日本に違いはないのだ。新思想の拡散によって、人びとはますます不寛容になっている。ロシア情勢を頭に叩き込むことで、あらためて情報革命がもたらす負の側面に福澤の眼は注がれていった。

とりわけロシアで言えばニヒリスト、すなわち最終的に暴力に訴えてでも政治的理想を貫徹しようとする者たちは、日本にも二〇年ほど前から出現してきたことを福澤は発見する。「此流の兇徒は幕政二百五十年の間には極て稀にして殆ど聞かざるものにして、二十年を界《さかい》にして其以後頻《しきり》に出現せしは何ぞや。二十年は我國開港、近時の文明を輸入したる紀元なり。其文明の大変動に由て人民の狼狽したるものと云はざるを得ず」（『福澤諭吉全集　第五巻』四一頁）

さらに後のことになるが、福澤自身がはじめた新聞『時事新報』紙上でも、日本が国際社会の一員として情報の波に洗われた結果を次のように書いた。この時期、士族に代わって登場してきたのは「少壮の輩」つまり政治青年である。

左れば今日世間少壮の輩が政談に軽躁狂奔するも、其徳義の厚薄に在らず、徳教の洽《こう》不洽《ふこう》に在らず、天下一般の人心、近時の文明に燃るもの、之が原因たること明白なれば、今この原因を除去せんとする歟、近時の文明とは蒸気、電信、郵便、印刷の用法、即是れにして、此ものを除けば天下の心情忽ち鎮静す可しと雖ども…百般の人事も亦これと共に同時に退縮して、開國独立の体面を維持するの方便なし。（『福澤諭吉全集　第八巻』六〇七頁）

青少年が政治談義ばかりに熱中し、粗暴な振る舞いをするのは、政府が言うように国内の道徳心が荒廃したからではない。道徳教育の有無にかかわらず、世間を席捲する「文明」に翻弄されてこのような状態になっているのだ。では、最近流行している文明とは何かと言えば、蒸気や電信、郵便などの情報革命がそれである。国内だけでは解決不可能な時代全体を揺りうごかす不定形な力、世界史的規模での地殻変動が起っていることに気づくべきなのだ。

では青年たちから政治をめぐる情報を取りあげれば済むのかと言えば、それも間違っている。なぜなら情報を遮断することは、人びとの精神を萎縮させ、結果的には国家の独立を危うくするからだ。この極端で暴力的な時代の到来をどうすればよいのだろうか。

情報革命がもたらすもの

第二として、さらに一般の日本人の様子を観察すると、ロシアの農奴さながら、先祖伝来の荷物を下ろしたまま次の時代に担うべき荷物も持たずに、茫然と立ちすくんでいる人がいた。旧来の秩序が課していた責任を放りだし、無秩序を前に放心している。彼らは国家にも外交にも無頓着なままである。社会的責任から放りだされた人たちは、自分が経済的に困らなければ、何一つ社会的課題を背負わなくて済んだ。彼らの姿が福澤には、まるで農奴解放によって籠から飛びだし、路頭に迷っているロシア農民のように見えたはずである。

ロシアであれ日本であれ、役割というペルソナを奪われた人間は社会関係から離脱を余儀なくされ、あたかも物が置かれているように放心してしまう。気楽さよりもむしろ、精神の危機に襲われる姿を福澤は次のように書く。

今の改革者流が日本の旧習を厭ふて西洋の事物を信ずるは、全く軽信軽疑の譏《そしり》を免る可きものと云ふ可らず…尚甚しきは未だ新の信ず可きものを探り得ずして早く既に旧物を放却し、一身恰《あたか》も空虚なるが如くにして安心立命の地位を失ひ、之が為遂には発狂する者あるに至れり。憐む可きに非ずや。医師の話を聞くに、近来は神経病及び発狂の病人多しと云ふ。(『福澤諭吉全集　第三巻』一九五九年、一二九頁)

日本に存在するのは、新聞に昂奮する士族や洋学者だけではない。つまりロシアのニヒリストに似た存在だけではない。ロシアの農奴解放が、人生の方向感覚を失った人間を生みだしたように、日本でも安心立命を見失い、「発狂する者」たちが存在していたのだ。福澤は、空虚な心を抱えている日本人の存在に気づいていたのである。

ここに近代化がもつ最大の困難、情報革命が突きつける難問があきらかになったのだ。ロシア政府がニヒリストへの対応に追われ過激化していったのと軌を同じくして、ここ数年の日本でも讒謗律という情報統制が行われた。それは政府の思惑を外れ、社会の混乱と軋轢を増してしまったし、一方で無目的に放心する人間を生みだしもした。

つまり情報革命の時代とは、情報を拡散しても、逆に管理しても、人びとの心を不安定にさせてしまう、非常に厄介な時代なのである。

こうした危機を「独り心に感じたるは凡そ明治十年以来のことにして、之を医するの法は唯官民を調和せしむるの外に手段なきを信じて、或は地方分権の要を説き、或は民権の真面目を論じ、又或は國權の大切を諭して…」と福澤は説き、官民の調和を目ざしたのだった（「福澤全集緒言」、『福澤諭吉全集　第一巻』一九五八年、六三頁）。この「明治十年」という言葉が、西南戦争を指しているのは一目瞭然であろう。

福澤が情報革命の決定的重要性に気づき、自らの読書経験を総動員して『民情一新』を書くきっかけになったのは、間違いなく西南戦争によるものだった。福澤の学問は、西郷隆盛の蹶起の意味を問うことで集約され、一つの思想に結実したのである。

何を処方すればよいのか

明治日本が、ロシアと同じ轍をふみかけている。『丁丑公論』で西南戦争を考え、『民情一新』でロシアの現状把握に努めることで、情報革命が日本にとって不可避の事態、世界史的な趨勢であることを福澤は把握した。

では、最終的にどうすればよいのだろうか。何を処方すれば情報の毒を逃れ、この国はよい方向にむかうというのか。福澤からすれば、西郷には足下にくすぶる士族たちの昂奮を地方自治へと流すことによって何とか処理して欲しかった。その上で、民選議院と立憲政体の樹立へとむかうことができれば、日本全国の面目は「文明の精神」によって一新されたに違いなかったのである。それは情報革命がもたらすもう一つの側面、いわば理想に充ちた社会の方へと、日本人を導くはずであった。

地方自治と民選議院、そして立憲政体――以上の具体的な政策提言を支えていたのは、福澤独自の「文明」観であった。福澤が「文明の精神」と呼んだ文明観は、驚くべきことに西郷のそれにきわめて近い。二人の言葉を並べてみると、その類似性がはっきりとわかるだろう。

文明は猶大海の如し。大海はよく細大清濁の河流を容れて其本色を損益するに足らず。文明は國君を容れ、貴族を容れ、貧人を容れ、富人を容れ、良民を容れ、頑民を容れ、清濁剛柔一切この中に包羅す可らざるはなし。(『福澤諭吉全集　第五巻』四六頁)

文明とは道の普《あまね》く行わるるを賛称せる言にして、宮室の壮厳・衣服の美麗・外観の浮華を言うにはあらず、世人の唱うる所、何が文明やら何が野蛮やら些《ちっ》とも分らぬぞ。…実に文明ならば未開の国に対しなば慈愛を本とし、懇々説諭して開明に導くべきに、左《さ》は無くして未開矇昧《もうまい》の国に対するほどむごく残忍の事を致し、己《おのれ》を利するは野蛮じゃ…(『西郷隆盛全集　第四巻』一九八・一九九頁)

前者の福澤と後者の西郷の文明観には、その度量の広がりにおいて不思議な一致が感じられる。彼らにとって文明とは、何よりもまず精神の問題であり、普遍性と寛容さを漂わせているものであった。福澤の「包羅」と西郷の「慈愛」に、私たちはほとんど同じ響きを感じ取ることができるはずである。

なぜ福澤はあれほどまで執拗に西南戦争とロシアの事例に注目し、極端な官民の軋轢を警戒したのか。西南戦争に同情を寄せ、ニヒリストの過激さに眉をひそめたのか。一方で西郷隆盛はなぜ、西洋文明を学ぶと「人心浮薄に流れ」ると警告したのか。

それは情報の激流が、世界史的なうねりを帯びて人びとの心に襲いかかっていたからである。溢れでた情報が、官民の軋轢や、鬱屈する不満を生みだし、暴力に訴える行動に駆り立てる時代がやってきたのだ。福澤と西郷はこの変化に気づいていた。

一九世紀に、情報革命の帰結を予言した者と翻弄され殉じた者が、双方ともに同じ精神の構えを日本人に処方している――これは二一世紀の私たちにとっても、他人事とは思えないのである。

第二章　ルソー――中江兆民『民約訳解』と政治的自由

中江兆民　弘化4年（1847）― 明治34年（1901）

1　西郷・兆民・ルソー

西郷伝説と恐露病

明治二四年（一八九一）四月一五日のことである。フランスの哲学者ジャン＝ジャック・ルソーの『社会契約論』を翻訳し、後に「東洋のルソー」として名を残した思想家の中江兆民（一八四七―一九〇一）は、自らが主筆を務める『立憲自由新聞』の社説に、次のような噂話を記録している。

近日新聞の伝ふる所ろに拠れば、西郷南洲翁将《ま》さに露国より帰朝せんとすと聞けり、是れ果して真実事耶《か》、（『中江兆民全集　13』岩波書店、一九八五年、四四頁）

鹿児島城山の地に西郷隆盛が散ってから、すでに一四年が経っていた。生き残っていれば六〇代半ばだから、年齢上は可能性がないわけではない。ここに西郷再臨伝説が生まれる余地がでてくる。

当時、ロシア皇太子ニコライが五月に来日するのに合わせて、ロシアで雌伏していた西郷が帰国するという噂が、まことしやかに流れ始めていた。それを受けて『立憲自由新聞』は、五月二〇日付けの論説として「西郷隆盛の出でんを望む」を掲載することになる。すでに訪日中のロシア皇太子の動向記事で埋め尽くされた紙面内で、この論説は、なぜ西郷ひとりだけが特権的に今でも愛されるのかと問い、それは西郷が「不世出英雄」だからだと論じた。

二年前には帝国憲法も発布され、今では日本の国力も増進してきた。だが、才人は多数でてくるものの、彼らはしょせん人工的に栽培された美しい花にすぎない。明治六年の征韓論争の際、反対者がいたために西郷は敗れたが、その反対者たちこそ、今われわれの目の前にいる凡庸な才人たちだったのである。こうした連中に西郷の腹のうちなど到底理解できなかったのだ。しかし今日の日本人は、安定した国力に応じたもっと斬新で快活な国家運営を望んでいて、今こそ西郷の再登場が求められているのだ——。

この時点ですでに、現在の私たちが最もイメージしやすい西郷像が出来あがっている。東洋の国士と武士の棟梁という顔をあわせもつ、常人から抜きんでた英雄としての西郷像である。死から一四年を経た時点で、以後、二一世紀の今日にまでおよぶ西郷伝説は、すでに完成していたのである。

「恐露病」の時代

ところが、この「安定した国力」を自負する新聞の論調と、実際の国内の雰囲気にはズレがあった。たとえば明治一七年(一八八四)、朝鮮において、日本が支援する金玉均と朴泳孝ら開明派によるクーデタ「甲申事変」が起きた。清国軍の介入によって不発に終わったこの事変をめぐり、福澤諭吉の『時事新報』をふくむ各新聞は、日清間の戦争は避けられないと世論に訴え、その背後にいる大国ロシアもまた脅威の対象であると警告を発しつづけた。

ロシアは一八八〇年代に大河間をつなぐシベリア鉄道に着工し、虎視眈々と南下政策を進めていた。そのロシアが、ついに日本の国力視察もかねて皇太子ニコライを派遣してくる。新聞の強気な論調とは裏腹に、実際は、日本国内にロシアにたいする恐怖心が無意識のうちに広がっていた。その恐怖心が、明治一〇年の西南戦争で散ったはずの英雄西郷の再来を、人びとに期待させていたのである。

訪日したロシア皇太子ニコライ

それを裏付けるかのような事件も実際に起こった。西南戦争に官軍側として従軍し、その後巡査となっていた津田三蔵が、来日した皇太子ニコライに斬りつけ重傷を負わせた「大津事件」である。「恐露病」が国民の精神を崩壊寸前にまで緊張させ、追い詰めていた。

迫りくる外圧を、西郷ならどうにかしてくれる。そう期待したのは市井の人ばかりではなかった。フランス学を修めた知識人である中江兆民もまた、西郷の再登場を期待した一人だったのである。

西郷を愛する中江兆民

兆民が、西郷が生きている頃から、その人柄を敬愛していたことを示すエピソードがある。

明治四年一一月、土佐藩出身の兆民は大久保利通に取り入って岩倉使節団に同行し、フランス留学へむかった。数え年二五歳のときのことである。明治七年にフランス留学を終えて帰国すると、兆民はさっそく『策論』という献策書を書き、勝海舟に島津久光への紹介を依頼、面会することができた。この時期について少しでも詳しい人なら、この三人のつながりに驚くかもしれない。島津久光は西郷と最後まで対立した薩摩藩きっての超保守派であり、勝海舟もまた幕府側の人物であった。その二人に洋行帰りの匂いを纏《まと》った兆民が接近し、自らの政治的見解を述べ実現をせまっているのである。

では具体的に何を言ったのか。それを幸徳秋水が『兆民先生』のなかで描いている。明治末期、大逆事件で虐殺された秋水は、一八歳の頃から兆民のもとに書生として寄宿していた。秋水が後に『社会主義神髄』や『廿世紀之怪物　帝国主義』を著し、世界的に見ても最初期の段階で資本主義の矛盾を指摘したことは有名であろう。

その秋水によれば、兆民と島津久光のやりとりは、次のようなものであったという。兆民が「先日献呈した献策書を読んでいただけたでしょうか」と伏して述べた。ルソーの『社会契約論』を通じてモンテスキューの考え方に触発された兆民は、献策書で次のように言う――「国家の草創期には英傑が登場し制度をつくる勇断を下すべきであり、その際にはもう一人のカリスマ性を帯びた人物の輔佐がなければ、失敗する」（第七策）。大胆にも兆民は、制度設計者こそ自分自身であり、補佐役にはぜひとも西郷が必要だと言っているのである。

久光は「理想論としては良いものだが実行するのは難しい」と答えた。すると兆民は「難しいことなど何もない、西郷を上京させて近衛兵を糾合し太政官を囲ませればよいのだ」と喝破したのだった。ときは征韓論に敗れ下野した元司法卿の江藤新平が、佐賀の乱で斬首された直後である。近衛兵に不満と鬱屈が渦巻いていたことは、第一章で見たとおりであった。下野した西郷さえ上京すれば、近衛兵が新政府に反旗を翻すであろう。そうすれば自分の意見を実行に移すなど、容易なことだと兆民は考えていた。

島津久光

ところが久光は「もし西郷が首を縦に振らなければそのときはどうするか」と反問した。兆民の答えはこれまた簡単であった。勝海舟を鹿児島に派遣すれば、西郷は絶対に動くに違いない

——兆民は、勝海舟の知遇を得ることでフランス学の大家へと成長していった。その海舟から西郷の偉大さについて直接聞かされていたため、西郷とともに存分に働いてみたいと思っていたのである。「先生又海舟翁の談に依《より》て、西郷南洲翁の風采を相望し、欽仰《きんこう》措《お》かず、深く其時を同じくせざるを恨みとせり」（幸徳秋水『兆民先生・兆民先生行状記』岩波文庫、一九六〇年、一五頁）

凡派の豪傑

明治二四年四月、つまり西郷再臨の噂話を『立憲自由新聞』社説に書いたのと同じころ、兆民は雑誌『自由平等経綸』に「凡派の豪傑非凡派の豪傑」と題した論説を寄せた。そこで大久保利通と西郷を比較して、次のように述べている。

人心厭倦《えんけん》の極虚伝とは知りながら、想像を以て想像を怡《よろこ》ばして、姑《しばら》く自ら慰むるには非ざる耶、夢に凡庸海中非凡の一大魚を躍らし、其波瀾を蹴立て、霾霧《ばいむ》を噴射し、数千万凡庸の見物人をして驚魂動魄《きょうこんどうはく》せしめんと欲するに非ざる耶、

南洲翁は非凡派の豪傑なり、曩《さ》きに翁の志伸び、数万精鋭の兵を率いて、朝鮮に入り、更に深く入らしめしならば、亜細亜の大勢今如何、南洲翁非凡の業を打消して、翁の八千子弟をして禹《う》域《いき》の蛟竜《こうりゅう》と成らしめずして、内地の蝘蜓《えんてい》と為らしめて、我日本を凡殺して、今日の日本をして今日の如くならしめたるは誰れの罪否《いな》功ぞや、…（『中江兆民全集　13』四四・四五頁）

人びとは今、西郷再臨を嘘と知りつつ想像をたくましくして、自身を鼓舞し、また慰めている。倦怠と平凡が支配する空気のなかに、西郷という一大魚を躍らせ、驚嘆させようとしているのだ。西郷は非凡の豪傑である。先の明治六年の征韓論の際、もし数万の精鋭をしたがえて、朝鮮半島深く侵入していたならば、アジアの情勢は今ごろ、どうなっていただろうか。それを国内でむざ

むざ殺してしまい、今日のような日本にしてしまったのは、いったい誰の罪なのか。あるいは功績とでも思っているのだろうか――。

兆民の見るところ、大久保は金をだして文明開化を買うべきだと考え、一日も早く日本を欧米諸国に近づけることを目ざした政治家であった。つまり欧化主義の崇拝者である。こうした人物は豪傑ではあるが凡庸なことをしたにすぎない。時代の流れてゆく方向に敏感で、その流れに日本が上手に乗ることだけを目ざす人間には、時代を変える力はない。つまり「凡派の豪傑」なのである。

非凡派の豪傑

たいする西郷は、「非凡派の豪傑」だと兆民は考えた。なぜ人は必死に時代の波に乗ろうとするのか、そもそもなぜそんな時代の流れになっているのか。結局、文明開化はわれわれ日本人に何をもたらすのか――西郷は大久保とは正反対に、滔々と流れる時代を傍から見つめ、じっと考えこむ。西郷は時代に上手に乗るのではなく、むしろ時代から降りているからこそ、敏感な感受性で時代に触れて状況を正確に把握できたのだと兆民は思った。

西郷と大久保が対立した征韓論争とは、対外進出の可否ばかりでなく、実はそれぞれが目ざす国家観の違いが噴出した事件だった。兆民はそれを「非凡派」と「凡派」という言葉で腑分けしたのである。

実際の西郷自身の発言のなかには、ここで兆民が主張する「非凡」に近いものが存在する。たとえば『南洲翁遺訓』の、次のような言葉である。

広く各国の制度を採り、開明に進まんとならば、先ず我が国の本体を居《す》え、風教を張り、然して後徐《しず》かに彼の長所を斟酌するものぞ。否《しか》らずして猥《みだ》りに彼に倣いなば、国体は衰頽し、風教は萎靡《いび》して匡救《きょうきゅう》すべからず、終に彼の制を受くるに至らんとす。（『西郷隆盛全集　第四巻』一九七頁）

外部から押し寄せるあらたな制度と価値観にたいし、それを取捨選択する価値観――すなわち「我が国の本体」――をまずは尖鋭化せねばならない。夥しい数の制度をやみくもに導入すれば、いったい何がこの国をして国家たらしめているのか、どこにむかって、どのような国づくりをしたいのかが不明になる。それでは西洋諸国に制御・支配されているのと同じことではないか――このように圧倒的な勢いで押し寄せる西洋文明の波にも動じない西郷の姿勢こそが、兆民の眼には「非凡派の豪傑」と映っていた。

ここで、こうした兆民の西郷への期待が、意外にもルソーへの共鳴と同時並行的に生じていたことに注意したい。兆民はフランス留学から帰国した直後、島津久光に西郷再登場をうながす少し前に、すでにルソー『社会契約論』の一部を『民約論』として訳出していた。その後、明治一五年になると、今度は兆民自身の解釈を加えたものを、『民約訳解』として漢文で雑誌に連載する。さらにルソーへの思いは広がり、『学問芸術論』にまで及び、後に『非開化論』という題名で翻訳出版されることになるだろう。

つまり、兆民の脳中では、常に西郷とルソーが同居していたのである。それはいったいなぜなのか。

「西郷隆盛の反動性と革命性」

ところで、西郷とルソーを結びつけること自体は、筆者の創見ではない。政治思想史家の橋川文三という先達がいる。橋川は『西郷隆盛紀行』という著作のなかで、西郷について重要な論点を二つ発見している。一つ目の「天皇」をめぐる論点については、本書後半の第四章で詳しく見ていく。残るもう一つの論点が、西郷とルソーの関係である。本章に必要な限りで触れておこう。

昭和四三年、すなわち一九六八年、全共闘運動が最高潮に達したこの年、橋川は「西郷隆盛の反動性と革命性」という論文を書いている。ここでの反動性とは、保守的・封建的という批判を込めて使われた言葉であり、革命性とは、反権力を意味する肯定的な意味を帯びている。この年は明治維新から一〇〇年の記念すべき年にあたり、おおくの維新特集が組まれていた。また革命、すなわち時代の通念や秩序を全否定する気分が、学生運動によって醸成されていたことも、こうしたタイトルをつけた理由だったに違いない。

当時、西郷は研究者のあいだで否定的に評価されるのが一般的であった。なぜなら西郷が戦前、第三章でとりあげる頭山満をはじめ、大陸侵略をめざした大アジア主義者たちから英雄として仰がれていたからである。大アジア主義は日本を破滅に導いた「超国家主義」の源流の一つとみなされていた。

また大久保利通や大村益次郎が、とにもかくにも日本の近代化に道筋をつけたのにたいして、維新後の西郷は具体的な政策提言に欠け、政治的無能に見えたからである。近代化への無理解と政治的無能、そして右翼から好かれる保守反動の巨魁である西郷は否定されねばならない――これが研究者の間で共有されていた風潮であった。

だがある文章を読んだことをきっかけに、橋川は通説に違和感を覚えることになる。それは歴史学者・遠山茂樹の名著『明治維新』に描かれた、西南戦争をめぐる印象的な場面である。


「此時に当り、反するも誅せらる。反せざるも誅せらる」との窮地に追い込まれた西郷は、ついに二月、逸《はや》る部下に擁されて挙兵した。西郷起つの報は、自由民権派に大きなショックを与えた。熊本民権派は、ルソーの民約論を泣き読みつつ、剣を取って薩軍に投じた。（遠山茂樹『明治維新』岩波現代文庫、二〇〇〇年、三〇八頁）

この文章に触れてから、橋川の西南戦争へのイメージが大きく変わってしまった。古色蒼然とした錦絵風の英雄の挫折物語だと思っていた西南戦争に、突如差し込まれた「ルソー」という名前の近代性に橋川は戸惑ってしまったのである。福澤諭吉が西南戦争に「情報革命」という近代の匂いを嗅いだとすれば、橋川は同じ戦争に、ルソーの匂いを感じ取ったわけだ。

しかも、西南戦争前に西郷周辺でもっとも読まれていた『評論新聞』――福澤諭吉が反乱を教唆すると批判した新聞のうちの一つ——に記事を書き、西郷の挙兵とともに熊本協同隊を組織した宮崎八郎という青年は、兆民の『民約論』を泣き読みつつ、薩軍に参加したと言うのだ。西郷に殉じた宮崎が、ルソーから影響を受けていたことに、橋川はショックを受けたのである。

熊本で『自由之理』『万国公法』などを講じる学校を設立した宮崎は、上京していた当時、兆民が経営していた仏学塾で聴いた『民約論』に感激し、地元の学校でも生徒たちに読ませていた。だとすれば、西郷を封建反動だと非難することは間違いかもしれない。ルソーと同じく過激な革命性をもっていた可能性があるからだ。

さらに言えば、本家フランスでルソーはしばしばヴォルテールと比較され、前者は自然を賛美し近代文明を呪い、後者は人工的に構築された文明を肯定したと見なされている。これを日本流に言い直せば、西郷の「敬天愛人」という東洋思想と、福澤流の「文明開化」の対立という図式になるのではないか。「近代」を批判する点において、西郷とルソーには何か抜き差しならない関連性があるはずだ——橋川はそのように考えた。

ジャン＝ジャック・ルソー

そしてこの二人は、いずれもどこか近代的文明主義と肌合いをことにする夢想家であるところが似ている。西郷がファシストの源流とされ、ルソーがまたジャコバン・テロリズムの、もしくは後世のトタリタリアニズムの始祖とされるのなども、どこか類似性をおびている。(『橋川文三著作集 3』筑摩書房、一九八五年、三〇一頁)

要するに、西郷は戦前、大陸進出を目ざした右翼や超国家主義者たちの偶像であったにもかかわらず、一方ではルソーに共鳴板をもち、近代文明を破壊する革命家ではないかとまで言われている。だとすれば、西郷は反動性と革命性を併せ持つ謎めいた人物ということになるだろう。以上の橋川の議論を補助線にしてみれば、ルソーによって西郷と兆民は深い結びつきをもっていたことが、改めてわかるのである。

2 経済上の自由放任主義と道徳の解体

「経済革命」への危機感

さて、少し比喩的な言い方になるが、福澤諭吉が西郷に「情報革命」から迫ったとすれば、中江兆民は「経済革命」に着目し、西郷に共鳴していたということになる。どういうことか。

西郷が虚飾を嫌い、質朴な人柄であったことを伝える逸話はとてもおおい。たとえば参議時代の西郷は、母屋に隣接する粗末な小屋に寝泊まりし、兵児帯を纏ったまま出勤していた。また征韓論に敗れ下野してからは、一農民として日々農作業に精をだした。ある日、西郷が野良着姿で堆肥桶を担いで歩いていると、下駄の鼻緒が切れた士族が西郷を呼び止めて結べと命じ、言われるとおりにした。数年後、西郷がこのときの話を再会した士族に告げると、彼は驚いて大いに謝罪した。西郷はどうでもよいことをしゃべった、許してくれと言って笑った――。

こうした逸話の数々が、西郷のカリスマ性を一層大きなものにしていった。西郷の言行録『南洲翁遺訓』には、万民の上に立つものは品行をただし、倹約すべきであること、にもかかわらず大久保を中心とした新政府の人びとが「家屋を飾り、衣服を文《かざ》り、美妾《びしょう》を抱え、蓄財を謀《はか》」っていることを批判した一文がある。現在の新政府のありさまでは、戊辰戦争で戦死した者たちに顔向けできないと西郷は嘆いていたのである。

西郷だけではない。当時、文明開化による急速な欧化を批判する際、欧化イコール華美な生活というイメージで語られることは非常におおかった。洋服を着ること、ステッキをついて洋風になることは、先の引用にあった「蓄財」という言葉に典型的なように、金銭への執着と同じことであると見なされた。今日の私たちにすら、いまだに漠然と共有されている金儲け＝道徳的に汚らしい行為という評価は、当時はより一層強いものであった。(3) 佐久間象山が「東洋道徳西洋藝術」とアジアの倫理的側面を強調したのも、こうした感覚に由来するものであろう。士族が経済学に決定的に無頓着であることを批判し、商工業への積極的参加をうながした福澤諭吉が、「拝金宗」と呼ばれ揶揄されたのも、時代の雰囲気を伝えるものである。

だが『南洲翁遺訓』の次の一節からは、こうしたいささか単純で説教臭い西郷像とは違う響きが聞こえてくる。西洋文明にたいする西郷の鋭い批評を知るために、特に最後の二行を注意深く読んでみる必要がある。

節義廉恥《れんち》を失いて国を維持するの道決してあらず、西洋各国同然なり。上に立つ者、下に臨みて、利を争い義を忘るるときは、下皆これに倣い、人心忽ち財利に趨《はし》り、卑吝《ひりん》の情日々に長じ、節義廉恥の志操を失い、父子兄弟の間も銭財を争い、相讐《しゅうし》視するに至る也。斯《か》くの如くなり行かば、何を以て国家を維持すべきぞ…「普仏の戦い、仏国三十万の兵、三ケ月の糧食ありて降伏せしは、余り算盤《そろばん》に精《くわ》しき故なり。」とて笑われき。(『西郷隆盛全集　第四巻』二〇一・二〇二頁)

節操と義理、恥を知る心を失っているようでは、国家など維持できない。この点、西洋諸国も同じである。官位にあるものが国民にたいして利益を争ったり、義理を忘れると国民までも同調する。するとたちまちのうちに利益追求にはしり卑しさを増し、節操がなくなってしまう。親兄弟のあいだですら、利益を競いお互いを敵視するまでになる。これではどうやって国家を維持すればよいのか。一八七〇年から一年間にわたる普仏戦争の際、ナポレオン三世が率いた三〇万人のフランス軍兵士が、三カ月分の兵糧があるにもかかわらず降伏したのは、あまりに計算高かったからである――。

普仏戦争の分析

経済的な利益追求が、道徳心の堕落をまねく。ここまでなら、よくある批判に過ぎないであろう。ところが、西郷の発言はさらに「普仏の戦の分析」にまで及んでいるのだ。普仏戦争は、ビスマルク率いるプロイセン軍のパリ占領によってフランス側の敗北に終わり、ナポレオン三世による第二帝政は崩壊した。以後、フランスはパリコミューンへ、さらには第三共和政の成立へとつながってゆく。

普仏戦争のフランス兵

この戦争は日本で言えば、明治三年から四年の出来事であり、御親兵設置とそれをテコに断行された廃藩置県、そして兆民を乗せた岩倉使節団が欧米へ派遣された頃のことでもある。つまり、留守政府を任された西郷自身が、士族の特権をはく奪する徴兵令を支持した時期にあたる。沸騰する士族の感情慰撫に努めながらも、次々と国内制度の近代化を進めていった時期と、普仏戦争は重なっていたのである。

大国フランスがプロイセンに敗北した原因とは何か。軍務を司ってきた西郷の分析によれば、それは功利主義に溺れたフランス人が、利害打算を考量しすぎた結果、兵士同士の道徳的紐帯が失われ、士気が鈍ったからであった。三〇万もの兵士が十分な兵糧を残して降伏してしまったのはその何よりの証拠である。利益と蓄財に現《うつつ》を抜かしていては「何を以て国家を維持すべきぞ」、つまり国家は維持できないと西郷は考えていたのだ。

西郷は、欧化への生理的反発や東洋豪傑風の封建的気分から、営利追求を批判しているのではない。「銭財を争」うことは、「節義廉恥の志操」を失い、軍隊組織の結束を解体してしまう。兵士同士の信頼関係や紐帯を保ちつづけるための道徳心を、恣意的な経済活動が奪ってゆくのだ。それは事実としてフランス軍を弱体化させ、国家の独立を危うくした。陸軍大将であった西郷は、経済体制の変化が結果として兵士の士気と連帯感を奪ってしまうこと、それが最終的に政治体制の崩壊にまでむすびついてしまうことを憂慮していた。つまり経済と道徳の関係について考えを巡らせていたということだ。

自由主義経済批判

こうした西郷の危機感を共有し、兆民は学者としてさらに理論を深めていった。兆民がまずもって注目したのは、経済現象における新思潮、すなわち自由放任主義の潮流であった。福澤が世界史的な規模で拡散する「情報革命」の存在を指摘したのだとすれば、兆民の場合、経済上の自由放任主義こそ世界を呑み尽くそうとしている潮流であり「経済革命」が起っていると考えたわけだ。

フランスから帰国後、比較的早い段階で書かれた短文「原政」には、兆民の経済観と西洋文明理解が如実に表現されている。

いわく、西洋人は人間を生まれつき欲望をもった存在とみなし、よりよい衣食を求めつづける存在だと定義している。拡大する需要に供給が追いつかなければ、人びとは限定された資源をめぐり争いを引き起こすか、技術革新の連続によって供給量を増やすしかない。その結果、人間は精密にはなるものの、せわしなく、何事も計算ずくでけちけちし、治療技術は発達するが臆病にもなる。話術は明快になるが、出鱈目な議論をするようになるのだ――。

西洋社会の「欲望自然主義」（米原謙『日本近代思想と中江兆民』新評論、一九八六年）と技術主義が、欲望の無限の拡張を前提としたものである限り、「充すべからざるの欲と縦《ほしいまま》にすべからざるの利と方寸の中に相交れば、則ち天下の乱なきを望むも其れ得べけんや」（『中江兆民全集 11』一九八四年、一七頁）と兆民は断定した。

兆民にすれば、人が金銭を求めるのは本来、家族にゆたかな生活をさせたいとか、自宅が欲しいなどの具体的な目標をもっているからである。あくまでも金銭獲得は家族などの他者と共同体を豊かにするための手段なのであって、目的を達成すれば手段の役割は終わるはずであった。ところが欲望が全面的に解放された場合、人は金銭獲得それ自体を目的にしてしまう。手段が目的化してしまうこの状態では、人間精神は休むことを知らない。

兆民の言う「天下の乱」とは、火器をつかった戦争だけを意味するのではない。つねに不満足に心を支配されている人間が、各々の利害を衝突させ、争いを引き起こしてしまうことも指しているのだ。こうした事態によって失われるものを、父子の親・夫婦の別・長幼の序といった儒教用語で説きながら、兆民が言わんとしたのは、経済上の自由放任主義と過剰な技術主義――「技芸」あるいは「芸術」――が、生活の基盤をなす共同体を蝕《むしば》み、破壊していく事実であった。

文明社会の姿

こうした兆民の経済批判は、生涯変わることはなかった。

たとえば最晩年の著作『一年有半』でも、自由貿易論に一貫して反対の立場をとり続け、「余曾《かつ》て論ず、明治政府の初より我官民上下英国マンチエスター派の経済論に誤まられ、保護干渉を以て殆《ほとん》ど悪事と為し、経済上の自由と政治上の自由と混同」していると念を押していた。兆民からすれば、経済的自由と政治的自由は、かならず区別して論じられる必要があった。自由という概念は、それを精査・区別しつづけない限り、私たち人間は拡張する欲望の虜《とりこ》になってしまうという危機感が兆民にはあった。

J・S・ミルの『経済学原理』や『自由論』の影響を受けた福澤諭吉、さらに明治一二年に『東京経済雑誌』を創刊した田口卯吉《うきち》が主張していたのが、自由放任主義と呼ばれるイギリス経済思想であった。西南戦争後、日本国内は激しいインフレーションに見舞われたが、その善後策として大隈重信や福澤は重商主義政策を提案したのにたいし、岩倉具視や黒田清隆らは保護主義を主張し対立していた(4)。このような現実を前にして、兆民は真っ向から自由放任主義と重商主義を批判しつづけたのである。

とりわけ兆民は、「欲望自然主義」がもたらす最大の問題が、人間イメージの「個人化」と「人間羞恥」の喪失、すなわち道徳観の解体にあると考えていた。

兆民にとって、自由放任主義が生みだす人間のイメージは、徹底的に個人の欲望を基準にして生きる者たちであった。そのような人びとは、市場で出会う他人を、みずからの欲望を否定あるいは制限する苛立たしい競争相手としか見ない。充たされない欲望と他人との絶えざる比較、それにともなう不安と嫉妬。社会の紐帯が失われ人びとがバラバラとなり、みずからの欲望達成を目ざして互いが衝突し、争いが絶えることはない。周囲の他人にも、また自分自身にも不満と苛立ちを感じている——これが兆民が見た文明人と文明社会の姿なのである。

だとすれば、過剰な営利追求の結果が、道徳性を人から奪い、共同体の崩壊——兆民の場合、それは夫婦や友人との関係であり、西郷の場合は軍隊組織が例にあげられている——をもたらすという批判を、西郷も兆民も共有していたことになる。

過剰な経済活動が、世界中の人びとを虜にしつつある。人間を「個人」という単位にまで分解解体し、しかもその個人は著しく道徳心を失って不満と鬱屈、他人への苛立ちを強めている。満たされることがない欲望に翻弄され人間関係は危機に瀕してしまう。西郷と兆民が当時の経済的激変にたいして直感していたのは、このような危機意識だったのである。

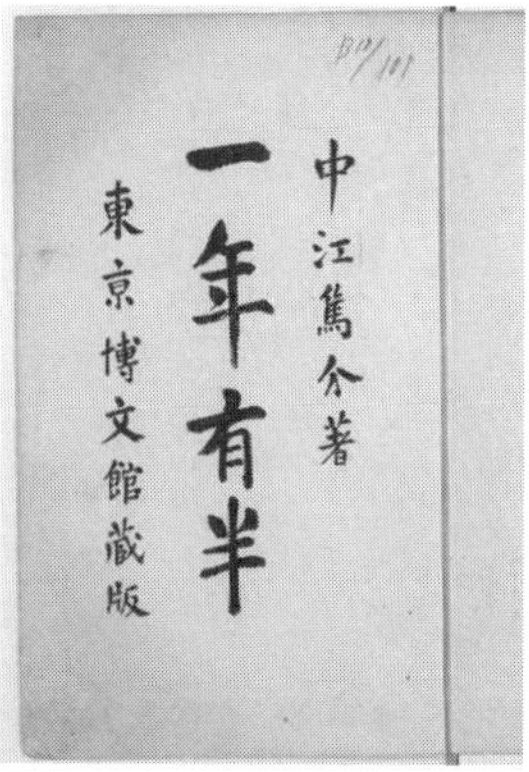

一年有半

経済上の自由と政治上の自由

自由放任主義が世界を席巻し、人間イメージすら破壊するという確信は、兆民に経済と政治の峻別を強いるに十分であった。このとき兆民のなかに、ルソーの重要性が天啓のように押し寄せてきたのである。実際、先に引用した短文「原政」は次のような処方箋を示して突如、締めくくられる。文中の「仏人蘆騒」とはルソーのことをさす。

夫れ民徳義に嚮往《きょうおう》すれば、則ち浸漬《しんし》積累《せきるい》の効は以て至善の地に達すべし、以て自治の域に造《いた》るべし、余聞く、仏人蘆騒《ルーソー》書を著して頗る西土の政術を譏《そし》ると、其の意蓋《けだ》し教化を昌《さか》んにして芸術を抑えんと欲す、此《こ》れ亦《ま》た政治に見るある者ならんか、（「原政」、『中江兆民全集11』一九八四年、一七頁）

人びとがもし道徳の重要性にすぐさま応じ、積み重ねていけば、「自治」という究極の共同体を達成する効果を期待できる。フランス人のルソーは著作を書いて、しきりにヨーロッパの政治体制を批判していると自分は聞いた。それはおそらく道徳教育を盛んにし、技術主義（「芸術」）を抑制しようと思ってのことだ。これは政治に期待しているからだろう――。

技術革新の連続によって供給量を増やしつづける「経済上の自由」を、道徳によって制御できるとき、私たちは「自治」を実現できる。自治が究極の共同体であることは言うまでもない。だとすれば、ここで兆民はルソーを、経済上の自由にたいする政治上の自由の優位を主張し、政治と道徳の深いむすびつきを指摘した思想家だと理解しているわけだ。

ヨーロッパでは自由放任主義が人びとの紐帯を解体し、道徳の荒廃をもたらした。この西洋文明の現状にルソーは激しい違和感を覚え、もう一度、人と人との理想のつながり方を根本から探し求めている。その思いが理想の共同体を模索した著作『社会契約論』を生みだす動機だったのである。また一般に『学問芸術論』と訳されるルソーの著作を、当時、兆民が『非開化論』とした、つまり文明開化を否定する訳語をあてたことも、偶然ではなかった。ルソーも兆民も「近代」を批判しようと試みていたわけだ。

兆民が共鳴した政治上の自由は、決して眼の前で実現されているものではなかった。むしろ事態は逆であって、ルソーはフランス革命を導きだし、兆民の前には維新後の日本があったが、それぞれ恐怖政治や藩閥政治に陥り、政治上の自由とはほど遠い状況に甘んじていた。道徳は見失われ、政治秩序は乱れていたのである。

3　フランス革命と『社会契約論』

フランス革命の経過

兆民が政治の重要性を発見したのは、フランス革命を学んでいた時であった。革命の歴史を調べていくなかで、もっとも強く兆民の心を捉えたのは、自由を尊重するどころか、嬉々として自らの自由を抛棄する人びとの姿であった。

「仏蘭西革命ノ時ノ告示中ニ云フ有リ曰《いわ》ク凡《およ》ソ国人タル者皆学術無カル可ラズト蓋《けだ》シ人ノ不学ナル其弊固《もと》ヨリ勝テ言フ可ラザル者有リ。其最モ甚キハ曰ク世ノ浮栄ヲ慕フテ自己ノ自由権ヲ抛棄スル是レナリ」（「再論干渉教育」、『中江兆民全集　14』一九八五年、一八頁）

フランス革命当時、およそ国民たるものは、全ての人が学問をしなければならないという告示があった。不学の弊害は言うまでもないが、最もひどいケースになると、世間の浮ついた気分に乗って自らの自由権を放棄するまでになるのだ――。

つまり兆民の見るところ、フランス革命は決して手放しで悦べるような運動ではなかったのである。人びとが「学術」、つまり冷静な政治哲学を修めることを怠った結果、世間の風評に流され自己の政治上の自由を放棄してしまった。なぜこのようなことが起きたのか。そこには何か近代文明人に特有の行動心理が潜んでいるのではないか。

経済上の自由で他者との紐帯が解体され、バラバラに欲望を追求していた個人は、政治では逆に急激につながり合い、過激な集合体へと変貌していく有様を、以降、兆民は生々しく描写していく。

バスティーユ襲撃にはじまったフランス革命は、あらたな政治体制のあり方をめぐって、国内の諸政党に分裂する。山岳派・ジロンド派・平原派それぞれが、自分こそは正義であると絶叫するなか、サン＝ジュストの過激な演説に促されルイ一六世はついに処刑されてしまった。一七九三年一月二一日のコンコルド広場は、国王の首を掲げて狂喜の渦に呑み込まれていたのである。

その後、国外からの軍隊に包囲され、フランスが分割割譲される危機におちいると、逆に「革命を輸出せよ」という怒号に導かれて、フランス革命政府はイギリス・オランダに宣戦を布告した。たいするイギリスは軍事共同戦線――対仏大同盟――で対抗した。さらにフランス国内でも革命政府への大反乱（ヴァンデの反乱）が起きる。要するに、革命の過程でフランスは国内外の大混乱に直面してしまったのである。

こうした激動の渦中で、イタリアに連戦連勝し彗星のごとく現れたのがナポレオン・ボナパルトであった。ボナパルトは国外からの圧力をはねのけ、救世主の役割を演じ、国民の熱狂的な喝采を獲得していった。そして最終的にはフランス議会を破壊し、自らが皇帝として君臨する道を選んだのである。

ナポレオン・ボナパルト

フランス革命の顚末を調べるなかで、兆民はこれほどの皮肉があるだろうかと思い続けていた。議会制を破壊したボナパルトは、結局は人びとの自由を奪った存在ではないか。にもかかわらず、ボナパルトは人びとに賞賛されている。フランス人は本来、蜂起して、独裁をめざすボナパルトを殺害すべきだったはずだ。だが実際の彼らは嬉々として、自らの政治上の自由を抛棄しボナパルトに渡してしまった。ここには、人間が自らの自由を求めながら、結果的に「集団自殺」していく姿がありありと見て取れるのだ。

「拿破崙《ナポレオン》ノ隣敵ヲ摧陥《さいかん》シ威ヲ四方ニ宣ブルヲ見テ歆慕《きんぼ》感激ノ心ニ堪ヘズ是ヲ以テ自ラ其貴重ノ権ヲ棄テ、復タ顧惜《こせき》スルコト無シ」(「再論干渉教育」、『中江兆民全集 14』一九頁)

さらに熱狂に取りつかれた人びとが、ルイ一六世を処刑したその血潮を、ヨーロッパ全土の君主制国家に注ごうとしている。本当に「自由」の追求は正しいのだろうか。果たして、どのような心理状態になると、人は他人を処刑する暴力を正当化し、自らは正義であると信じてしまうのか。連帯感に陶酔し、殺戮に手を染めてしまうのか。

彼れ其王路易《ルイ》第十六の頭《こうべ》を斫《き》り其熱血を掬《くみと》取りて之を欧洲諸国王の頭上に沃《そそ》ぎ、…一時に尽《ことごと》く諸国の制度を一変して平等の制と為さんと欲せしが如きは、狂顚《きょうてん》に似たる哉、…(同前、『中江兆民全集 8』一九八四年、二〇九頁)

兆民がフランス革命から学んだもの、それはルソーが理想とする「自治」には程遠い西洋政治の姿であった。ルソーの目ざす自治が可能になるためには、技術主義と欲望自然主義の抑制、そのための道徳の復活がぜひとも必要であった。

ところが、こうした背景を欠けば政治上の自由もまた理想の共同体どころか、かえって過剰な集合体に変貌してしまう。人びとは政治上の自由を目ざしたのに、それを自ら放棄し政治上の自由を殺してしまった。フランス革命とルソーの自治との間には、大きな隔たりが存在したのである。

『社会契約論』の読み方

こうしたフランス革命史観を持っていた兆民が、革命の理論的支柱と言われる『社会契約論』の翻訳に心血を注いだのは当然のことであった。

「ただ、其の自由権を棄つるの道に於いて、おのずから正を得ると否《しからざる》とあり。此れ、余の之を論ぜんと欲するところなり」（『中江兆民全集　1』一九八三年、一三七頁）と冒頭を慎重に翻訳したとき、兆民は、社会契約に基づく理想の共同体をつくるためにはそれなりの理論的手順をふむ必要があるとの思いを込めていたはずである。

では私たち一人ひとりがどのような手続きをふめば、現状とはちがう理想的な共同体をつくりだせるのか。またどのような人間であれば、自治が可能になるのか。兆民はその基準――兆民の言葉でいえば「正を得る」――を是非とも知りたいと思っていた。経済的自由放任主義を激しく呪い、さらには現実の欺瞞に満ちた政治体制を拒絶し、その苦悩のなかから「自治」のあり方を模索したルソーなら、きっと兆民の期待に応えてくれると思われたのである。

以下、兆民独自の『社会契約論』読解のなかから、日本を分析する際に参考になるポイントを、ごく簡単に示しておこう。

まず兆民は、『民約訳解』冒頭に自分自身の考えを序文として書き、原理的な思考の重要性を指摘した。『史記』を引きながら、政治にとって重要なのは、時代状況を敏感に把握し人情をよく知ることにあると言う。さらに禍乱を未然に防ぐためには、「政治とは何か」という根源的な問いを発することがとても大切だと言う。

人間は自然状態のとき、一人ひとりがバラバラで、砂粒化した野蛮状態にある。そこからいったい、どのようにして一般意志という名の共同体を生みだし、秩序をつくりあげたのか。この原理をひたすら理論的に追究する必要がある。そのためには基準となる政治哲学が必要であって、西洋ではモンテスキューやルソー、カントらがその提供を担っている。

ルソーの眼を通して兆民は、眼の前にある明治日本に語りかけていた。明治日本もまた、旧来の秩序は瓦解し、あらたな共同体の形成を求められている。では、その際の基準とは何か――ルソーを虜《とりこ》にした課題は、兆民のそれでもあったのである。

だからこそ兆民はルソーの翻訳に取り組んだ。それは何よりも冷静さを必要とする。「妄《みだ》りに異域の習俗を崇《あが》め、以て吾が邦忠厚の人心を激するが如きは、予豈《あ》に敢てせんや。」(『中江兆民全集 1』一三三頁)――兆民は自戒を込めて書き記した。そして、兆民は『社会契約論』の中心概念に、独自の考察を施す。

然りと雖も、所謂《いわゆ》る衆志なるものは、必ず衆人の志の中に於いて之を得《う》。何を以て之を言うや。蓋し衆人は皆な其の私を挟んで以て議に臨む。云うところの衆人の志なり。而して此の中、必ず両端の在る有り。最も急なるものと最も緩なるもの、最も激なるものと最も和なるものの謂なり。此の二者は、勢かならず相い容れず。二者あい容れざれば、則ち中《ちゅう》なるもの必ず将《まさ》にその間《かん》に出でんとす。是れ乃ち衆志の存するところなり。（同前、一七九頁）

今日、私たちが「全体意志」と「一般意志」と訳す概念に、兆民はそれぞれ「衆人の志」「衆志」という訳語をあてている。

まず、個人の私的欲望のあつまり、それが全体意志（衆人の志）である。しかし文明人の一人ひとりの意見には、必ず両極端な要素が含まれてしまうものだ。極端な意見同士がただ集合しただけでは、公共性を持った一般意志（衆志）は生まれない。ではどうすれば一般意志は可能になるのか。それは極端な意見を取り除くための議論をおこない、中庸を探るしかない――「中正」という言葉もつかいながら、兆民はルソーの一般意志の核心は「中庸」にあると論じた。

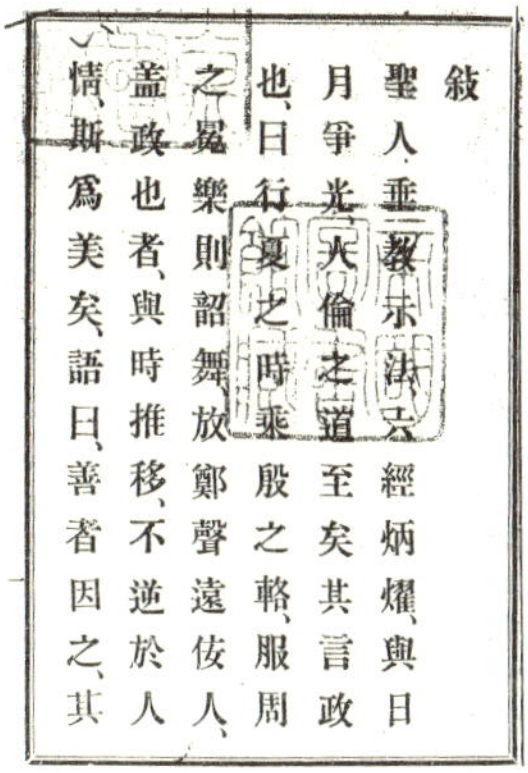
敍
聖人垂教示法、六經炳燿、與日
月爭光、人倫之道至矣、其言政
也、曰行夏之時、乘殷之輅、服周
之冕、樂則韶舞、放鄭聲遠佞人、
蓋政也者、與時推移、不逆於人
情、斯爲美矣、語曰、善者因之、其

『民約訳解』

共同体のつくり方

この一見凡庸に思える結論は、次のように考えると、当時の社会の問題点を鋭くついていたことがわかる。

たとえば、個人的な見解は、必ず他人の意見とちがう個別性をもっている。眼の前にある一つの物の形容をめぐって、一〇人いれば一〇通りのちがった答えになる可能性もあるのだ。これをさしあたりまとめたものが衆人の志、すなわち全体意志である。

しかし最大の問題は、おおくの場合、各人は自分の世界観や価値観が「唯一絶対に正しい」と思っていることにある。実は私たちは、自分が見たいようにしか、世界を見ることができない。海は紅いと思っている人は、本当に海は紅いと思い、しかも自分以外の他者にもまたそう見えていると思っているのだ。

そこに海は青いという人がでてきたとしよう。このような異論に直面した人が取りうる態度は、次の二つしかないはずである――自分の正しさを諦めず、断固、海は紅いと主張するか。あるいはさしあたり、海が複数の色を持つ可能性に衝撃を受けるか。

この問題の核心は、もし前者である限り、私たちは他人と「議論」を始められないということである。海は紅い、黄色い、白い、そして青いなどと思っている人達が一〇人集合しようとも、それだけではバラバラの個人が寄り集まった砂団子に過ぎない。海は相変わらず一〇色のままであり、世界を統一することはできない。つまりルソーのもとめる理想の共同性――「自治」――は生まれない。これが、全体意志がかかえてしまっている問題点なのである。そしてこの状況はほとんど、経済上の自由をもとめ、バラバラになっている文明人と同じである。

一方、人が共同性をもつための第一歩は、自分とはちがう世界の見方をする他者の存在に気づくことである。衝撃とともに認めざるを得ない他人が、すぐそこにいる。そこで砂粒化した個人同士がその殻を破り、色について話し始めることが必要なのである。

まずは最も極端な意見を取り除いていく。その先に、海はおそらく青に近い色であろうという「衆志」、すなわち一般意志が浮かびあがってくるはずだ。共同体にとっての正解、あるいは人間にとっての正義や善悪といった価値観は、関係性のなかに投げこまれ精錬されてはじめて完成するのである。これが政治上の自由をつくりあげるための初歩なのだ。

「君」という訳語

試行錯誤の果てに、兆民が衆志や中正などの概念を駆使して表現したのは、『社会契約論』が、人と人とのつながりを創造するための、いわば「秩序構築の書」であるということである。『社会契約論』は革命を教唆する書ではなく、明治という新時代に必要な共同体のあり方を模索するための書だったのである。

先にも言ったように、経済的自由放任主義を貪っている限り、手段の目的化のなかに取り込まれた個人は、営利追求の歯車の一つになってしまう。各人の剝きだしの欲望は膨張し、利害の衝突を生みだし、社会は混乱をきたす集団に過ぎなくなる。結果、場合によっては西郷が警告したように軍事力の弱体化を招き、国家の存立自体が危うくなるだろう。

だからこうした自閉的な殻を破り、一般意志（衆志）をつくるためには、それなりの資質が個人にも要求されるのだ。

一人ひとりの個人に求められる資質、すなわち通常「主権者」と訳される概念に、兆民は翻訳する際、「君」という訳語をあてた。日本人にも馴染みの深い儒教用語をあてることで、明治日本への導入をはかったのだ。

たとえば今日、「主権者について」と翻訳される『社会契約論』第一篇第七章のタイトルを、兆民は「君」と名づけている。権力をもった特権的支配者をイメージさせる儒教用語をつかうことで、人民一人ひとりが特別な資質を備える必要があるということを言いたかったのだ。

有徳君主などの言葉から分かるように、倫理的な価値を帯びた特別な存在だけに許された君という立場を、兆民はラディカルに平等化し、今や誰もが君主のようにふるまうべきであると考えた（坂本多加雄『市場・道徳・秩序』創文社、一九九一年）。主権者＝君という訳語には、共同体を担う人びとへの強い思いがこめられていたのである。

こうしてルソーの著作を慎重に翻訳しながら、兆民は維新後の日本が、フランスと同じような危機を内包していることに気がつく。兆民の時代洞察をもってすれば、当時の日本人もまた、自ら政治上の自由を抛棄するかもしれないと思われた。

過渡期の日本人は、はたしてどのような共同性を生みだそうとしているのか。あらたな連帯感に問題点はないのか。この問いについて、明治一〇年代の日本を振り返りながら考えてみよう。

4　日本社会への処方箋

日本の時代診察

明治一〇年の西南戦争の終結は、たしかに武力による国内の混乱に終止符をうつものであった。

しかし経済面では多額の不換紙幣を発行した結果、激しいインフレーションが起こり、人びとの憤懣が収まることはなかった。政府の方も地租改正による歳入減と輸入超過によって、財政が危機的な状況に陥っていた。このとき慶應義塾の経営も行きづまり、福澤は犬猿の仲だった勝海舟に金の周旋を頼んでいるくらいである。

時代の動きを俯瞰する意識を強く持った兆民の眼は、このような危機のなかでも続く経済上の自由放任主義が、政治の領域をも侵食し、共同体全体が危機に瀕している事態をさまざまと捉えることができた。経済上の自由が、政治上の自由を蝕もうとしていたのである。

国内では、旧士族階級の過激な精神が、相変わらずはけ口を求めて蠢いていた。自由民権運動の高揚をまえにして、兆民は明治一一年八月に「民権論」を著し、自由主義経済にたいする警戒感をあらわにする。

さらに『東洋自由新聞』掲載の次の文章を読んでみよう。「豪俠《ごうきょう》」あるいは「激怒」という言葉に注目すると、第一章で、西郷が廃藩置県後の士族にたいして抱いていた困惑が、西郷死後、いささかも減じていないことがはっきりとわかるはずである。

吾邦封建ノ制ヲ廃シテ猶ホ未ダ久カラズ昔日双剣ヲ佩《お》ビ自ラ武門武士ト称セシ者六十余州ニ散布シ豪俠ノ気未ダ除カズシテ自由ノ論先ヅ之ニ入リ楮泉《ちょせん》降下シ貨物騰踊《とうよう》スルニ際シテ此輩ノ窮困日一日ヨリモ甚シ夫レ豪俠ノ気ヲ以テ自由ノ論ニ心酔シテ窮餓《きゅうが》ノ苦ニ窘迫《きんぱく》ス而シテ之ヲ抑圧シテ其激怒セザルコトヲ望ムハ我ガ知ル所ニ非ザルナリ（「防禍于未萌」、『中江兆民全集14』六〇頁）

日本六十余州に散在している封建精神、その過激な精神に政治上の自由という言葉が触れると、たちまちのうちに、インフレで困窮した彼らの精神を「激怒」という感情が支配してしまう。あたらしい時代潮流からこぼれ落ちたこれら封建の精神は「卑屈の心」に占められている。維新の混乱の最中には、まだ彼らの激情をぶつけ興奮させるだけの事件や騒擾《そうじょう》が時代に溢れていた。だが西南戦争が終結し、硝煙のむこう側から静寂がやってくると、自らが時代から取り残された存在であることに気づく。そこに「卑屈の心」が宿ると兆民は考えたのである。

そしてあたかも、舞台俳優の大見得に涙するような気分が、俳優まがいの政治的カリスマの登場を期待させる。維新の精神を良くも悪くも継承している旧士族たちは、争乱を記憶にとどめているだけに、明治半ばの今も、過激なものをもとめて精神的渇望に苦しんでいる。

また一方で、これとは異なる状態も明治中期を支配し始めていた。それが「人心厭倦《えんけん》」という状態である。「夫れ此個々の頭脳が厭倦の苦を覚ふや、見聞する所ろ皆空虚ならざる莫《な》し」（『中江兆民全集 13』三頁）。嵐が過ぎ去った後、ふと我にかえる。すると周囲の社会状況は固定化されているのに、自らの精神には何一つ確実なものがないことに気がつく。彼らは、空虚におびえ懊悩煩悶している。

第一章を読んできた読者は、これがまさしく西郷を悩ませた士族たちの鬱屈と懊悩のことであると気づくであろう。福澤諭吉だけでなく兆民もまた、西郷の困難の核心部分をわかっていたということである。

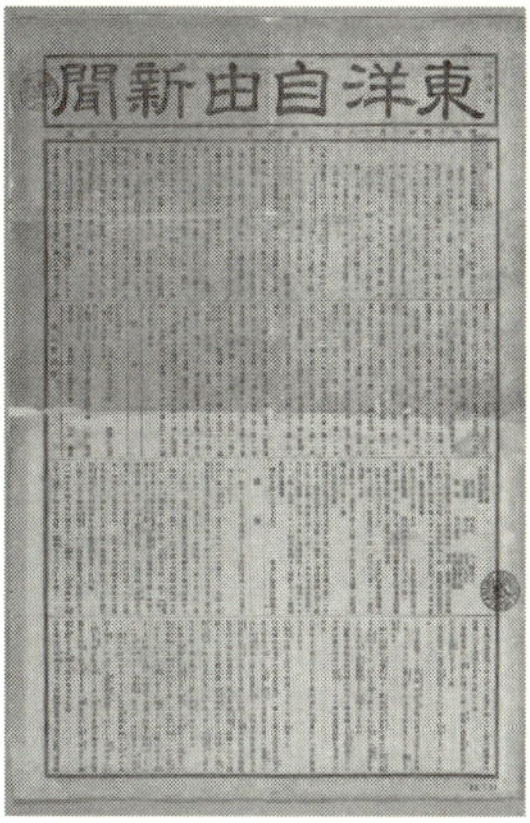
東洋自由新聞

『東洋自由新聞』

自由民権の帰結

福澤と兆民は、西郷を出汁《だし》にして、同じことを指摘していた。ロシア情勢やフランス革命を参照すると、日本が世界史的な思想潮流に呑み込まれているという時代理解である。

とくに西南戦争以後、明治一〇年代の日本では、インフレという経済的要因も相まって、過剰な連帯感で心の隙間を埋めようとする人びとが現れ始めていた。これらが福島事件や大阪事件などの過激な政治運動に結びついていった事実を、兆民は見逃さない。

是時に於て加波山事件福島事件飯田事件大阪事件等相踵《あいつい》で興りたるは、他無し、彼れ自由党中最も自己頭脳の空虚を感じて懊脳《ママ》の苦に堪へざる者が、自由民権てふ少許の養料を得て、之れが刺激を増し、終に爾《しか》く破裂せしに外ならず、…（「人心の倦怠」、『中江兆民全集 13』四・五頁）

「自由民権」という言葉が、過激な事件を生みだしてしまう。その理由はインフレと、私たちの精神のなかに巣くっている空虚にある。フランス留学で近代精神の根本をつかみ、哲学的思考を鍛えた兆民が日本を診る。するとそこに現れていたのは、政治上の自由の負の部分であった。

過激分子たちの「自由民権」は、極端な意見を取り除いた先に見えてくる「中正」な一般意志とは無縁である。冷静な秩序をつくるためではなく、逆に秩序を破壊するために彼らは連帯している。これまさしく、フランスのルイ一六世が襲われた状況に酷似しており、人びとは政治上の自由の意味を取りちがえ、劇薬を呷《あお》って「自殺」しようとしていた。

「浩然の気」

極端かつ理想主義的な意見に目を眩まされず、現実を直視せよ——兆民はこう指摘しつづけた。多面的な性格をもつ現実が、自らの思うままにならないのは当たり前のことだ。悲憤慷慨し、自由民権運動を「革命」などと主張することは間違いである。

兆民はこの手の精神状態を「乱民」と呼び、警戒感をあらわにした。乱民とは、過剰な連帯感に酔ってしまうタイプの人間のことであり、「唯この世の中が一日紛擾壊乱《ふんじょうかいらん》して、街上に血を湛へ路頭に骨を横《よこた》へ」る修羅場と化すことを望む気持ちの持ち主のことである。福澤がロシアを学ぶことで導きだした「極端主義」と、ほぼ同義と考えてよい。

乱民たちはたしかに、つながりあっている。しかしバラバラの世界を持ちよって集う連帯は、早晩、相手が自分とはちがう世界観をもっていることに気づいて苛立つだろう。自分は海を紅いと思い、相手もそうだと思えばこそ握手してきた。しかし相手は突然、海は青いと言いだし始める。途端に彼らは動揺し、自分と他者とのズレを許すことができず、かならず内部分裂することだろう。自分の意見についてくる者以外を排除してしまうのだ。思いは純粋化し、正義は急進化する。もともと彼らの連帯は、一時的につながった共同性にすぎない。こうした態度は、兆民のいう「衆人の志」、つまり全体意志でしかないのである。

では中庸をもとめて一般意志をつくるにはどうすればよいのか。どのような能力が人びとに求められるのであろうか。それについては、すでに先ほど、兆民がルソーの「主権者」を「君」と訳し、その道徳素養の一端をイメージしていたことを明らかにした。さらに兆民はみずからが理想と考える人間像を掘り下げ、それを「勇民」と名づけている。

勇民は一見すると、乱民と同様の進取の気性をもち、勇敢な少壮たちに思えなくもない。だが勇民の精神の根本には、『孟子』の「浩然の気」がある。これこそが乱民との決定的に重要なちがいなのである。

兆民は一切の束縛から解放され、自己内省はもちろん、天地にも恥じることのない自由な精神を「リベルテーモラル（心思の自由）」と名づけ、浩然の気と同じものだと主張した。厳しい自己確立を求め、あらゆる行為の基準・源泉とする考え方は、儒教、わけても陽明学からの影響によるものであった。自己修養への意志と気概をもち、欲望や時代状況に翻弄されない陽明学的人間像。この「勇民」がもつ道徳意識こそが、「経済革命」に踊らされず、また政治問題に悲憤慷慨し、政治上の自由を失うことからも免れるために必要とされるものなのである。兆民の政治思想、すなわち政治にかかわるべき理想的人格は、このようなルソーの道徳肯定とピタリ重なるものだったのである。

兆民がルソーを読み込んでいく際に、儒教の教養に支えられていたことは、もっと注目されてよい。兆民が描く理想的人間像は、次の第三章で詳しくふれる佐藤一斎や横井小楠《しょうなん》、大塩中斎（大塩平八郎）ら幕末儒学者の影響を、直接間接に受けたものであった。そして西郷隆盛もまた同じく、一斎と中斎の政治思想に深く傾倒していた。そうである以上、兆民と西郷には理想の人間像と政治観でおおくの共通した部分があるのは当然なのである。西郷は「古より君臣共に己を足れりとする世に、治功の挙《あが》りたるはあらず」（『西郷隆盛全集　第四巻』二〇三頁）と述べ、自己修養における君主と臣下の平等性・対等性をラディカルに説いていたが、こうした人びと全員に要求する厳しい道徳意識は、幕末儒学を経由して、兆民にまでつながるものだったのである。(5)

個人道徳と習慣

晩年、喉頭がんを患い余命いくばくもないなかで書かれた文章『続一年有半』には、兆民の道徳イメージがさらにはっきりと描かれている。

それによれば「自省の能」、すなわち今、自分が何をし何を考えているかを反省する能力を私たちは持っている。道徳は、しかしこうした自己反省だけからでは生まれてこない。自己の傍らにいる他人との交渉で、何を、どこまでを正義とするかを議論すること、すなわち「公論」によって善悪は決まるのである。私たちの正義観は、他人との関係のなかからしか生まれてこないと兆民は言うのだ。

さらに次の引用を読んでみよう。引用文中にでてくる世人、あるいは公論という言葉に注意しながら読んでみてほしい。

晩年の中江兆民

道徳は、正不正の意象と此自知の能とを基址《きし》として建立されたるもので有る、啻《ただ》に主観的のみならず、客観的に於ても、即ち吾人の独り極《き》めで無く、世人の目にも正不正の別が有て、而《しこう》して又此自省の一能が有る為めに、正不正の判断が公論と成ることを得て、茲《ここ》に以て道徳の根底が樹立するので有る（『中江兆民全集 10』一九八三年、二八八頁）

求められる儒教的道徳とは何か。それは浩然の気である。正義・不正義の基準と、それを知る個人的能力を基盤につくられたものであり、単に主観的なわけではない。客観的なものであり、独善と同じではないのである。個人の思いが世間の正義・不正義の基準として通用する「公論」となるとき、道徳というものができるのだ。

ここで兆民が道徳を主観的正義観ではない、と言っていることが重要だ(6)。

客観的、つまり世間の人びとと共有されることで、はじめて善悪の基準はできあがる。善悪の根拠は、個人のなかだけに探しても駄目なのである。むしろ周辺の環境や時代の慣習のなかから、個人の自由意思を超えておのずからできあがるものなのだ――「故に吾人の目的を択《えら》ぶに於て、果て意思の自由有りとすれば、亓《そ》は何事を為すにも自由なりと言ふのでは無く、平生習ひ来つたものに決するの自由が有ると云ふに過ぎないので有る」（『中江兆民全集 10』二八六頁）。

個人の道徳判断すなわち浩然の気は、実はこれまでに積み重ねられてきた「良習慣」によって形成されたものである。それは過去の人びとの行為の集積によってできた習慣のことである。他人からの影響なしに、善悪の判断などできないと兆民は考えていた。ルソー流にいえば議論によって極端を取り除き、一般意志を生みだす方法を、兆民は『孟子』という古典から取りだしてみせたのである。

若《も》し行為の理由即ち目的物に、少も他動の力が無くて、純然たる意思の自由に由て、行ひを制するものとすれば、平生の修養も、四囲の境遇も、時代の習気も、凡そ気を移し体を移す可き者は、皆力無きものと成り了《お》はるで有らう、……（『中江兆民全集　10』二八六・二八七頁）

個人的な意思の自由だけでなんでもできると思うなかれ。常日頃の自己修養はもちろんのこと、周囲との関係や時代からの影響、つまり他からの関係によって行為はなされるものなのだ――ここには、兆民の徹底した個人の限界への認識がある。

ルソーが否定した経済上の自由がもたらす人間イメージは、きわめて個人主義的であった。自分自身の利潤追求にあけくれ、他人を嫉妬と比較の対象としか見なさない。この経済活動による「欲望自然主義」を、徹底的に兆民は批判していた。そして、それにたいする処方箋として、道徳の復活が主張されているのである。

孟子

浩然の気、あるいは中庸と一言でいってしまえる概念のなかに、兆民はこれだけの政治思想を詰めこんでいた。政治上の自由が正しく達成されること、すなわち「自治」が可能となるために必要なのは、個人的な道徳でも、その場限りの連帯感でもないのだ。それらとは異なる、伝統に裏打ちされ、人びとと共有しうる道徳心の必要性を兆民はルソーと『孟子』を読み破ることで、つかみだしてきたのである。

西郷隆盛の「国家」観

明治七年にフランスから帰国した兆民の眼の前に広がっていたのは、経済と政治における自由の区別もままならない未熟な国・日本であった。

明治新政府は文明開化のかけ声のもと、儒教道徳は軽々と投げだしたものの、あらたな道徳的価値観を確立できず、経済上の自由放任主義だけを取りこもうとしていた。人間の私利私欲の無条件の解放、さらには絶えざる技術革新が、日本社会を混乱におとし入れ、秩序を瓦解させ、政治上の自由の放棄までひき起すかもしれない。新政府の人間たちは、この危機にあまりにも無頓着であるように思われた。

兆民の見るところ、日本の政治家の中で道徳の重要性に敏感で、しかも経済上の自由と政治上の自由の区別がついていたのは、新政府と袂を分かった西郷であった。だからこそ兆民は帰国早々『策論』を書き、西郷と自分を連携させてほしいと懇願したにちがいない。たとえば西郷は、次のような言葉を遺している。

> 然るに平日金穀《きんこく》理財の事を議するを聞けば、如何なる英雄豪傑かと見ゆれども、血の出ずる時に臨めば、頭を一所に集め、唯目前の苟安《こうあん》を謀るのみ、戦の一字を恐れ、政府の本務を墜《おと》しなば、商法支配所と申すものにて、更に政府には非ざるなり。(『西郷隆盛全集　第四巻』二〇二・二〇三頁)

経済の話をしている時は英雄豪傑に見えても、彼らはしょせん、商法にかかわるに過ぎない。いざ戦争の話になると萎縮してしまう。しかし本来、政治の本務は戦、すなわち軍事を含めた経済以外の部分にある。政府とは商売をつかさどるのではなく、武力にかかわるのだ――。

西郷に言わせれば、政府とは、暴力をつかさどり正当に使用することで社会秩序を維持する最終根拠のことを指す。商業の世界でいかに蛮勇をふるい、巨大な組織をつくったとしても、正当に暴力を独占して使用することはできないからだ。

このような西郷の考え方は、兆民はもちろん社会学者マックス・ヴェーバー（一八六四―一九二〇）の言う国家の定義、すなわち「国家とは、ある一定の領域の内部で――この『領域』という点が特徴なのだが――正当な物理的暴力行使の独占を（実効的に）要求する人間共同体である」とも完全に重なっている（M・ヴェーバー『職業としての政治』脇圭平訳、岩波文庫、一九八〇年、九頁）。西郷は経済と政治が持つ役割を峻別し、政府の本務が後者にあることを正確に理解していたのである。

マックス・ヴェーバー

西郷は、陸軍大将として軍の規律を守る立場にいたため、政治と道徳のかかわりに敏感で、しかも政治上の自由が経済上の自由とは別物であると理解することができた。[7] そして兆民もまたルソーを通じて、これらの問題意識を共有していたのだった。きっかけは全くちがう方向からではあったが、兆民と西郷はともに経済上の自由がもつ限界を見定め、政治のあり方を問い、道徳による経済上の自由の制御を時代にむかって処方していたことになる。ここに西郷と兆民が、ルソーを媒介として深い関連をもっていたことがわかるのである。

経済上の自由が生みだすせわしない文明人と文明社会への警戒感。それによって失われていく道徳的なものへの注目と危機感――これらを西郷・ルソー・兆民の三人は、深く共有していた。まぎれもなく彼らは「近代」文明を懐疑していたのである。

第三章　アジア――頭山満『大西郷遺訓講評』とテロリズム

頭山満　安政2年（1855）— 昭和19年（1944）

1　西郷隆盛とアジアの匂い

反転する西郷評価

日本国内の近代化が、西洋諸国との緊張関係をきっかけにはじまると、その影響はアジア諸国との外交にも及んでゆく。以後、激しくゆれ動く世界情勢のなかで、日本がアジアを直視することを迫られるたびに、西郷隆盛は必ず呼び戻され復活する。なぜなら明治維新からわずか六年後に沸騰した征韓論争は、日本がいったいアジアとどう関わるのかをめぐる最初の試金石であり、その中心にいたのが西郷だったからである。

幕末から維新にかけての旧秩序の瓦解は、明治五、六年にピークを迎えていた。士族たちが相次ぐ特権のはく奪に苦しむなか、木戸孝允や大村益次郎らが戊辰戦争直後に唱えていた征韓論が、じつは「征韓」という言葉を一度も発していなかった西郷に重ねあわされ、アジア雄飛の期待を呼び起こしていた。

士族からすれば、西郷は士族階級の総元締めでありながら、あらたに徴兵制を推し進めて士族特権をはく奪した、前近代と近代の矛盾を一身に体現した存在であった。それでも士族たちが西郷を許すことができたのは、西郷であれば自分たちにアジア雄飛のきっかけを与えてくれるという思いがあったからである。

そのような士族の鬱屈した思いを背負った西郷が、当時、朝鮮半島進出を目ざす最右翼であった板垣退助に宛てた手紙がある。征韓論に西郷が込めた決死の覚悟を見てみよう。「旧政府」とは、徳川幕府のことを指している。


今日に至り候《そうらい》ては、全く戦いの意を持たず候て、隣交を薄する儀を責め、且つ是迄の不遜を相正し、往く先隣交を厚くする厚意を示され候賦《つもり》を以て、使節差し向けられ候えば、必ず彼が軽蔑の振る舞い相顕れ候のみならず、使節を暴殺に及び候儀は、決って相違これなき事に候間…内乱を冀《こいねが》う心を外に移して、国を興すの遠略は勿論、旧政府の機会を失し、無事を計って終に天下を失う所以《ゆえん》の確証を取って論じ候処、能々腹に入れ候…（『西郷隆盛全集　第三巻』三八四・三八五頁）

まずは自らが軍服ではなく、烏帽子・直垂の正装で朝鮮半島へ乗りこむべきだと西郷は言った。交渉役は自分ひとりで十分なのである。もし暴殺されるようなことがあれば、大義ある対外戦争が勃発し、征韓論は成立することだろう――尋常ならざる決意が、文章から迸っている。

結局、西郷の征韓論は頓挫するが、これ以降、西郷は征韓論の提唱者として、大陸進出を目ざす大アジア主義者たちからカリスマ視された。特に大アジア主義の巨魁、玄洋社の頭山満（一八五五―一九四四）は西郷に心酔し、西郷さえいれば、日本はアジアの盟主として君臨し、西洋帝国主義に対抗するアジアの大同盟を結成できるはずだと考えた。この時点で西郷は、西洋の価値観と国際秩序に「否」を突きつける英雄として祭りあげられたわけである。

よって戦後になると、西郷とアジアをめぐる評価は一八〇度反転し、西郷はアジア侵略の先駆者として否定されるようになる。とりわけ先に引用した手紙に見える「使節を暴殺」という西郷の暴力的な言葉づかいをめぐって、後世の研究者たちは激しい議論を戦わせた(8)。つまり少なからぬ研究者が、西郷と征韓論は、日本がアジアに帝国主義的進出を目論んだ嚆矢《こうし》であると考えていたのである。

一九六〇年代と文化大革命

しかし、こうした議論とは一線を画した評価を、西郷にくだした思想家がいる。『逝きし世の面影』『評伝宮崎滔天』などの著作でしられる渡辺京二(一九三〇―)である。先に触れた橋川文三からもつよい影響を受けてきた渡辺は、戦後、西郷がむしろ「近代批判」の旗手として肯定的に再評価された事実を指摘した。

次の引用を、福澤諭吉と西郷の著作名が挙げられていることに注目しながら読んでほしい。「四十年代」とは昭和四〇年代、つまり戦後の一九六〇年代から七〇年代を指している。

文化大革命への共感は、四十年代に流行した近代批判の風潮の一面であって、高度成長批判としてのエコロジー的文明批判、さらには第三世界論的なアジア志向につながっていた。西郷は人民主義的革命家として復権されただけではない。大アジア主義者として見直されたので、つまり福沢の『脱亜論』への悪評が深まるちょうどその度合だけ、あのふるめかしい『西郷南洲遺訓』の値が吊り上がったのである。（『維新の夢〔渡辺京二コレクションⅠ　史論〕』ちくま学芸文庫、二〇一一年、三三〇・三三一頁）

福澤への悪評が深まると、西郷の値段があがる――この関係を理解するためには、若干の時代背景の説明が必要になってくる。

一九六〇年代後半から七〇年代にかけて、中国では毛沢東の号令の下、「資本主義加担者」を批判弾劾し、最終的には殺戮にまで及んでしまう「文化大革命」の猛威が吹き荒れていた。今から思えば奇妙なことだが、中国共産党内部の権力闘争でもあったこの運動に、当時、日本の知識人たちのおおくが魅了されていた。その理由を渡辺は、昭和四〇年代の日本国内で流行した「高度成長批判」と「近代批判」に関わりがあると指摘しているのである。

一例を挙げよう。一九六六年に中国文学者の竹内好は、筑摩書房から『新編　現代中国論』を刊行する。本書の「はじめに」でも触れたとおり、竹内は、「脱亜論」を唱え西洋文明を一直線に目ざした福澤の近代主義を批判していた。丸山眞男の畏友でもあった竹内は、この評論集に「評伝毛沢東」を収め、そこで次のように論じている――「健康なものを奨励し、病的なものを斥けるのは、一貫して中共の文化政策の根本になっている。文化の基礎は健康にある。占領地で第一に着手するのは衛生施設だ。紅軍の兵士は肉体の強健と共に『あらゆる悪習に染まらない』

ことが条件とされている。」(『新編　現代中国論〔竹内好評論集　第一巻〕』筑摩書房、一九六六年、三三二頁)

ここで竹内の言う「病的なもの」とは、資本主義のことである。毛沢東によれば、資本主義は人間を堕落させる経済システムであり、悪習から病を引きおこす原因を生みだすものであった。資本主義が近代社会を象徴するシステムである以上、文化大革命とは、反近代主義の運動であることがわかるだろう。(9)

西郷の二重性

さらに竹内は、『新編　現代中国論』に先立つ三年前、自らが監修する『現代日本思想大系』(筑摩書房)の一冊に『アジア主義』を入れていた。その解説文の最後に、竹内は「西郷の二重性」という一節を付している。竹内は、北一輝や大川周明、さらには内村鑑三といった思想家が、西郷を高く評価している理由に注目する。例えば北一輝は、西南戦争を維新革命の不徹底を問い質すための戦争、つまり「第二革命」であると高く評価した。また内村鑑三は、征韓論以降の明治新政府は、「真個の武士」の精神を投げだすものであり、一方で西郷の主張する「文明」こそ、目ざすべき理想であると主張した。いった

竹内好

い西郷は、右翼膨張主義者が賛美する保守反動にすぎないのか、それとも北一輝や内村鑑三が発見したような革命家として肯定すべきなのか――竹内は、この相反する西郷像を二重性と言っているのである。つまり竹内は、西郷をつうじて眼の前で進行している中国の文化大革命を理解し、それを日本にも輸入すべきだと考えていたことがわかる。

以上をふまえてみると、渡辺の文章の意味するところが生き生きと伝わってくる。要するに、「西洋文明＝近代主義＝福澤」の値が下がると、「アジア（中国）＝反近代主義（文化大革命）＝西郷」の値が上昇するのだ。

戦後の高度成長は公害を生みだし、人びとを蝕んでいた。アメリカ型のライフスタイルにあこがれ、経済成長に邁進する戦後日本は、はたして正しいのだろうか。また戦後外交もアメリカ追従をもって国是としているが、本当にそれでよいのか。一九六〇年代、さまざまな課題が、日本人のあいだに「近代」への懐疑と批判を迫ってきた。

戦後日本の高度成長と近代化にブレーキをかける特効薬――つまり資本主義とは違う世界観・文明観を象徴するもの――それこそが「西郷隆盛」と「アジア」なのである。この二つのキーワードが、資本主義とアメリカに代わる「あたらしい文明観」の象徴として、一九六〇年代の日本に処方されようとしていた。

『南洲翁遺訓』の文明観

西郷からは現代人が忘れて久しい、どこか懐かしいアジアの匂いがしてくる。草花の匂う土臭さが、戦後の知識人たちを魅了し、西郷への最大限の評価となっていく。

事実、西郷は明治の最初期に経済的華美を批判し、西洋文明の盲点を突き、何よりアジアへ強い関心をもった人物だった。

地理的な意味のアジアだけではない。儒教に代表される東洋思想を、西郷は自分のものにしていた。書翰等を除けば、ほとんど唯一西郷の思想を読み取れる『南洲翁遺訓』には、西洋の文明とは異なる、儒教の影響を深く受けた「文明」の理念が描かれている。だからこそ、西郷は西洋文明＝近代化の批判者として、竹内らに高く評価されることになったのである。

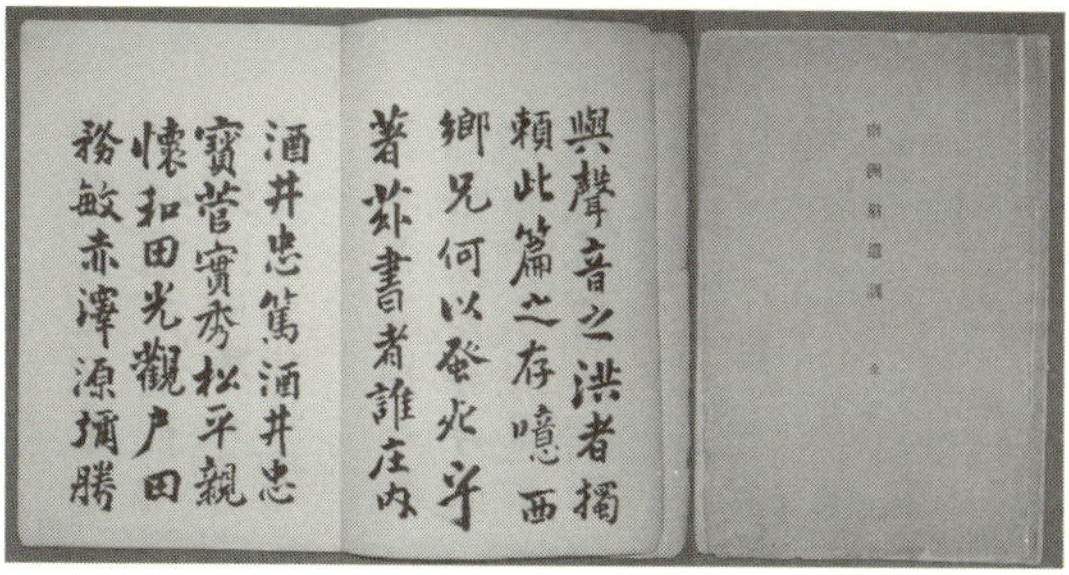

『南洲翁遺訓』

その『南洲翁遺訓』は、西郷の死去から一三年ほどたった明治二三年、旧庄内藩士の三矢《みつや》藤太郎《とうたろう》によって編集・発行された書物である。まずは、西郷の遺訓が東北地方の庄内藩出身の者によって書かれた背景を、簡単に説明しておこう。

慶応三年（一八六七）の王政復古当時、あたらしい政治体制構想は、倒幕派と公議政体派に分裂していた。つまり、将軍徳川慶喜の処遇をめぐる対立である。大久保利通と西郷ら倒幕派は、慶喜排斥を画策するために江戸市中の攪乱を行った。芝三田にあった薩摩藩邸に、浪人を集めて江戸内の秩序を乱そうとしたのである。

市中警護の中心を担っていた庄内藩は、ついに薩摩藩邸を焼きはらった。西郷と庄内藩は、この時点では敵対する関係にあった。

その関係に変化が生じるのは、戊辰戦争によってである。奥羽越列藩同盟に参加した庄内藩は、戊辰戦争で賊軍の汚名を着せられ、敗北した。厳罰を覚悟していた庄内藩は、征討総督参謀の黒田清隆がきわめて寛大な処分を下したことに驚く。後に、黒田本人から処分軽減の理由が、西郷の指示であったことを教えられると、宿敵だった薩摩藩を深く敬慕することになる。

明治三年（一八七〇）一一月、旧庄内藩主だった酒井忠篤《ただずみ》は、おおくの旧藩士をしたがえ鹿児島に入り、四カ月の滞在中、軍事教練を受けるなど、旧薩摩藩士と本格的な交流を持った。征韓論で西郷が下野してからも、頻繁に庄内藩士による鹿児島訪問がおこなわれた。その際の西郷の言行をまとめたものが『遺訓』になったのである。その刊行が明治二三年になったのは、前年、大日本帝国憲法が公布され、西郷の名誉回復が認められたことによる。

「アジア主義」の特色

さて、その『遺訓』の中でも最も有名なのは、第一章の終わりでも引用した次の一文であろう。

文明とは道の普《あまね》く行わるるを賛称せる言にして、宮室の壮厳・衣服の美麗・外観の浮華を言うにはあらず、世人の唱うる所、何が文明やら何が野蛮やら些《ちっ》とも分らぬぞ。予嘗《かつ》て或る人と議論せしことあり。西洋は野蛮じゃと云いしかば、否《い》な文明ぞと争う、否な否な野蛮じゃとたたみかけしに、何とてそれほどに申すにやと推せしゆえ、実に文明ならば未開の国に対しなば慈愛を本とし、懇々説諭して開明に導くべきに、左《さ》は無くして未開朦昧の国に対するほどむごく残忍の事を致し、己《おのれ》を利するは野蛮じゃと申せしかば、其の人、口をつぼめて言無かりきとて笑われける。（『西郷隆盛全集　第四巻』一九八・一九九頁）

世間では、家屋や服飾など外形上の欧風化をもって文明だと言っている。だが、それは違うのではないか。西洋諸国は未開国——もちろん日本をふくめたアジアを指している——にたいし、植民地主義の外交をおこなっているではないか。西洋文明がアジアにもたらしたのは、むしろ野蛮であると言えないだろうか。

そもそも、外見的華飾や武力でアジアが「劣る」というのは、あくまで西洋文明からみた世界観・価値の序列化のもとでの評価にすぎない。アジアは、それとは異なる基準で世界を色分けしてきたのであり、この世界観こそ文明と呼ばれるべきなのだ——このように西郷は主張したのである。

アジアの文明観すなわち「道」は、現在、世界を支配している西洋文明よりもはるかに慈愛にみちた価値観・世界観であり、今後世界を席巻するのは、より普遍性をもったアジアの側なのだ。本書では、こうした国内外の現状にたいするアジア「文明」の強調、反近代主義の主張を「アジア主義」と呼ぶことにしよう。

ここで「欧化主義批判」を高度成長批判に、「西洋は野蛮じゃ」という言葉をアメリカ批判に置きかえ、さらに「未開国」をアジア諸国と見なせば、先に紹介した一九六〇年代の日本の知的文脈が、いかに西郷の影響下にあるかがわかるはずだ。やはり『遺訓』は、アジア的理念が描かれている書、西洋文明を超えた普遍性を有する「文明」論として、再評価されていたのである。

2　玄洋社と有司専制批判

頭山満の『大西郷遺訓講評』

その西郷隆盛に、戦前、最も密接なかかわりをもったのが、政治結社「玄洋社」とその総帥の頭山満である。彼らは戦前の西郷イメージを独占したと言ってよい。大正一四年に頭山は、『南洲翁遺訓』の全編五四カ条に逐条講評を付した『大西郷遺訓講評』を著し、戦前の西郷イメージを確定したのだった[10]。

頭山がいかに西郷に心酔していたかを表すエピソードがある。

明治一二年(一八七九)、西南戦争の二年後のことである。頭山は、川越余四郎・松本俊之助・伊地知迂吉・浦上勝太郎などとともに福岡を発ち、薩摩を目ざす。その目的は、敬慕する西郷南洲の故地をおとずれ面影を偲び、かつ自らの政治活動に気脈をつうじる人物を探しだし、親交を深めるためであった。

薩摩に到着後、薩軍として戦った野村忍介宅に滞在しながら、頭山は西郷が眠る浄光明寺でその霊を慰め、西郷家を訪問したのである。

もちろん、そこに西郷はいない。しかしきわめて所縁の深い人物が家を守っていた。川口雪蓬《せっぽう》である。第四章で見るように、西郷は人生において都合三回、島送りにあっているが[11]、その最後の地・沖永良部島で、ともに流罪の身として親しくなったのが漢学の素養に優れ、詩文をよくした雪蓬であった。雪蓬は赦免後、鹿児島にもどってからは、西郷家の司書となり子供の家庭教師のような立場として西郷家に寄宿していた。そして、西南戦争後は西郷母子を生活面で援助し墓守をしていたわけである。

若き日の頭山満

そこへ突然、頭山が姿を現した。「西郷先生に会いにきました」と言う頭山に、不審そうな表情を浮かべながら雪蓬は、西郷がすでに死んだことを告げる。すると頭山はこう言ったという。
「西郷先生の身体は死んでも、その精神は死なぬ筈じゃ、私は西郷先生の精神に会いに来たのじゃ」（藤本尚則『巨人頭山満』雪華社、一九六七年、一一頁）
面白いことを言うと好感を抱いた雪蓬は、頭山を室内にいれ、今の鹿児島が大木の伐り跡同然で才能ある人材がまったくいないことを告げ嘆いた。そして西郷の書きこみが入った大塩中斎（大塩平八郎）の書『洗心洞劄記《せんしんどうさっき》』を見せると、頭山は黙ったまま借り受けて帰ったという。
その後も頭山の西郷にたいする敬慕の念は消えることなく、じつに西郷家訪問の四六年後、大正一四年に『大西郷遺訓講評』を政教社から出版することになる。
たとえば有名な「敬天愛人」について、頭山は次のような講評を施している。立雲先生とは、頭山のことである。

道は天地自然の道なるゆえ、講学の道は敬天愛人を目的とし、身を修するに、克己《こっき》を以て終始せよ。

【立雲先生曰く】南洲先生が「敬天愛人」を教えられたのは、寔《まこと》に天下の大道で、この道さえ踏み違えなんだら、人に後ろ指をさされるようなことはあるまい。とかく世の中には「天を恨み人を憎む」という方が多くてのウ。ともすると「天道是か非か」なんどといって天道さままで恨むことになるのじゃ。（『頭山満思想集成　増補新版』書肆心水、二〇一六年、九八頁）

多少でも玄洋社の実際の活動を知っている読者ならば、ここで何気なく添えられている頭山の講釈に、違和感を覚えるはずである。なぜなら大正一四年のこの時点で、頭山率いる玄洋社は、すでに二つのテロリズムに関係していたからである。

一つは明治二二年の来島恒喜《くるしまつねき》による大隈重信暗殺未遂事件であり、もう一つは大正一〇年、朝日平吾による財閥の巨頭・安田善次郎暗殺事件である。両事件は、頭山自身が企図したテロではなかったが、いずれも当時の政府と財閥の腐敗に憤慨し、自らの考える正義をこの世に出現させるために断行されたものであった。明治新政府がつくりあげてきた秩序を全否定し、異なる正義観を対峙させている点で、玄洋社の反近代主義の影響を色濃く受けたものだと言うことができる(12)。

なぜ西郷を慕って「敬天愛人」の道を説き、「天を恨み人を憎む」振る舞いを戒めた頭山の周囲から、こうした陰惨なテロが生まれてしまったのだろうか。しかも頭山が、そのことにまったく矛盾を感じていないように見えるのはなぜか。頭山と玄洋社の大アジア主義のなかには、テロリズムを生みだしてしまうような何かがあったのだろうか。あるいは西郷自身の「敬天愛人」思想の核心部分に、何かしらの危険が潜んでいるとでも言うのか。

玄洋社の国権と民権

まずは今日、ほとんど忘却されている頭山満と、福岡を活動拠点とした右翼結社・玄洋社について、基本的な知識を押さえておこう。

設立が明治一二年末とも明治一四年とも言われる玄洋社は、平岡浩太郎率いる向陽社と、箱田六輔を中心とした共愛会の二つの結社が集合することでできた組織である。大正六年に編まれた『玄洋社社史』は、社内の特徴を次のようにまとめている。

一、武部、越智派に属して西南役に関係したるもの、
二、萩の乱に関係したるもの、
西南役に関係したるものは主として、平岡浩太郎を推し、萩の乱に関係したるものは、箱田六輔の周囲を囲繞する（『玄洋社社史』明治文献、一九六六年、二二四頁）

玄洋社の設立には、西郷による西南戦争と、その一年前に起きた前原一誠による萩の乱が大きく関わっていたことがわかる。頭山自身は、萩の乱に関係した箱田六輔を中心とする一派に属していた。本人はむしろ西郷に心酔していたが、萩の乱に呼応して蜂起しようとして投獄されていたため、西南戦争には参加できなかったのである。

投獄されていなかった者たちは、西郷挙兵のしらせに賛同し、八五〇名が三月に挙兵する。これを「福岡の変」と呼ぶ。この戦とその後の捕縛によって、武部小四郎や越智彦四郎といった兄貴分はすべて死んでしまった。皮肉なことに投獄されていたおかげで、頭山は生き延びてしまったのである。

その福岡の変の数少ない生き残りが平岡浩太郎であった。平岡は明治初年、福岡藩兵として桜田門の警備についていたとき、馬上のまま門を通過しようとした巨漢を呼び止めたことがあった。姓名を問いただすと「俺は西郷ぢや、隆盛ぢや」と笑って返答された。夕刻、帰路についた西郷は平岡を呼びだし、警護者としてその心がけのよかったことを称賛した。以後、平岡は西郷に推服し、征韓論に共鳴し、西南戦争をともに戦っていたのである（黒龍会編『東亜先覚志士記伝　上』

黒龍会出版部、一九三五年、五七頁)。

平岡を中心とするグループを「西郷派」と呼ぶとすれば、箱田を中心としたグループは「前原派」と呼べるだろう。この二つの派閥が重要なのは、玄洋社の性格そのものにかかわるからである。西南戦争を戦った西郷派は、士族意識のつよい「国権派」の色をもち、一方の前原派は、士族以外の人びとも巻きこんだ「民権派」の傾向が強かったとされている。

国権派とは尊皇意識が強く、外交問題を重視して国威発揚を求める立場であり、アジア進出の拡大意識を含んでいると考えればよい。他方で民権派は、板垣退助の自由民権運動の影響を受けながら、明治新政府への違和感を表明し抵抗することを重視していた。国権派と民権派は、それぞれ自身の発言権の拡大を主張して譲らなかった。

ではなぜ、両派閥は問題関心が分裂しているにもかかわらず、設立当初から統一行動をとることができたのか。

有司専制批判による統一行動

国権派と民権派を結びつけるカギは、玄洋社の憲則のなかにある。

玄洋社憲則

第一条　皇室を敬戴す可し、

第二条　本國を愛重す可し、

第三条　人民の権利を固守すべし、
右之条々各自の安寧幸福を保全する基なれば、熱望確護し。子孫の子孫に伝へ、人類の未だ此の世界に絶えざる間は、決して之を換ふることなかる可し、若し後世子孫之れに背戻《はいれい》せば、粋然たる日本人民の後昆《こうこん》に非ず（『玄洋社社史』二二五頁）

ちなみに第二条にある本国愛重は、対アジア外交への関心にもつながっている。福岡は地理的に古くから朝鮮半島と大陸を意識させられる土地柄であって、朝鮮・清国との緊張関係はつねに懸念されていた。したがって、日本を愛重することと、アジアを日本に害をなさない同盟地域にすることとは、玄洋社にとって一体不可分であったのである。

ところで興味深いのは、右の引用直後に『玄洋社社史』自身が、皇室敬戴と本国愛重の二カ条と、民権論の並列を「一見奇なるが如し」と述べていることだ。皇室や国権を愛することと民権論は両立しないのではないかという、戦後の日本人が抱きそうな疑問を意識して、社史は書かれているのである。

では、なぜ玄洋社では国権論と民権論が両立したのか。それを理解する鍵は、第三条の民権固守が、政府による民権弾圧を念頭に置いて定められていることにある。西南戦争後、沸騰する自由民権運動を前にして、明治新政府は「民権論がこれ以上伸長すると、何より皇室が危機に陥りかねない」と、皇室護持を名分に民権運動の弾圧を正当化していった。明治一三年四月に公布された集会条例によって、政治集会や結社の警察署への届出が要求されるようになった。さらに一五年に入ると、条例は全一九条に膨らみ一層厳しいものへと変化していく。

しかし、これらの動きを民権派の側から見ると、新政府こそが「尊王攘夷の実」を捨て去っているように思えた。なぜなら新政府は少数の「有司」によって権力を独占し、まるで徳川幕府と変わらない政体を組織しているからだ。有司とは官僚のことに他ならない。官職についている者たちの腐敗によって天皇親政のあるべき政体は曇らされ、権力の恣意的濫用が行われている。こうした政府批判を「有司専制批判」と言う。

つまり玄洋社の民権派は、次のように考えたわけである。明治新政府では、天皇の周囲を取り囲んだ有司たちが、言論弾圧を行っているため、天皇を中心とする人民の理想の政体が実現していない。天皇と人びとの間に腐敗した夾雑物がある。これを取り除き、直接自分たちの声を天皇にまで届けたい――こうした苛立ちと目的は皇室尊崇を唱える国権派も共有できるものであった。

明治新政府は、尊皇の危機を訴えて言論弾圧を行った。逆に玄洋社は、尊皇によって広く異見を聞く社会の実現を求めていた。天皇をめぐって、対立と緊張が走っていたのである。玄洋社にとって天皇は、さまざまな異見を容れるだけの包容力の象徴でなければならない。国権派や民権派の言論活動を広く受け入れる存在として、皇室は頂点にあるべきなのだ。

だから玄洋社は、明治天皇が示した五箇条の御誓文の「公議輿論」こそ、自分たちが要求しているものだと主張した。有司専制という病的な権力独占システムを否定し、天皇の下での民権政治という健康的な政体を実現することこそ、明治維新の目的を完遂することである。そのためにはもう一回、維新を起こさねばならない。『玄洋社社史』は次のように言う。

公議輿論を起し以て民をして政に参するを許せ、之れ即ち皇室を永遠に安固たらしむる所以、朝に奸官有つて、専制之れ行ふ、或は第二、第三の維新を思はざる可らず（『玄洋社社史』二二六頁）

玄洋社内部で、国権重視の西郷派と民権重視の前原派の団結を可能にしたのは、有司専制批判——少数の官僚による権力独占批判——という思惑の一致からであった。権力を独占する有司とは、もちろん大久保利通とその支配下にある内務省のことである。

内務省を中心とする新政府は、皇室を後ろ盾に強迫的なまでに他者の排除と粛清、そして組織の純化をおこない続けていた。自由民権運動に先立つ時期に、佐賀の乱では江藤新平が、萩の乱では前原一誠が、斬首などのおよそ前近代的な苛烈な方法で命を奪われていたことを思いだそう。疑心暗鬼が、新政府を相次ぐ陰惨な行為に駆り立てていたのである。玄洋社に集う人びとは、天皇を梃子にした第二・第三の維新革命によって、こうした有司専制体制の打破を試みようとしていたわけだ。

天皇親政と征韓論

そして驚くべきことに、『南洲翁遺訓』の冒頭も、激しい「官職」批判からはじまっている。あたかも玄洋社の有司専制批判と同じ問題意識を、西郷自身の言葉に見いだすことができるのだ。

一読では読み落としてしまいがちな、「大政」と「私」そして「官職」という言葉に注意して読んで欲しい。

廟堂《びょうどう》に立ちて大政を為すは天道を行うものなれば、些《ちっ》とも私を挟みては済まぬもの也。いかにも心を公平に操《と》り、正道を踏み、広く賢人を撰挙し、能く其の職に任《た》うる人を挙げて政柄《せいへい》を執らしむるは則ち天意なり。それゆえ真に賢人と認むる以上は、直ちに我が職を譲る程ならでは叶わぬものぞ。故に何程国家に勲労あるとも其の職に任えぬ人を官職を以て賞するは善からぬことの第一也。(『西郷隆盛全集　第四巻』一九三頁)

まず「大政」とは、大政奉還と同じ用法であり、天皇が行う政治を意味している。次に「廟堂」が、朝廷を指すことをふまえると、天皇親政こそ「天道」を行うことなのだとまとめることができる。

さらに「私」とは、当時、新政府内部が薩摩・長州・土佐を中心とする勢力に独占されていた事実を勘案すると、個人を意味するのではなく、「藩閥の利害対立」という否定的な意味になる。つまり天皇親政のもと、藩閥的利害関係で抗争することなく、政治を行うことが「天道」と言われているのである。(猪飼隆明訳・解説『西郷隆盛「南洲翁遺訓」』角川ソフィア文庫、二〇〇七年、一七頁)

それは続く部分を読むと、一層の現実味を帯びてくる。各職責に適した人材を官僚として登用することをもって、西郷が「天意」とまで言うのは、藩閥的利害の根深さの証明になっている。たとえ維新の勲功があったとしても、人材登用が縁故関係に左右されてはならないのだ。「官職」の登用方法を、西郷がかなり気にしていることがわかるはずだ。

以上から西郷の政治思想が、天道―天皇―官職という階層構造になっていることがはっきりしてくる。天皇のもと官僚が政務を正しく行うとき、明治日本は天道を体現しているのである。

ところが実際はそううまくは行っていない。『遺訓』には、まるで頭山と玄洋社さながらに、官僚たちにたいする不信感が溢れている。政令は、朝令暮改で安定性を著しく欠いている。また西洋各国の制度を採用するためには、自国の価値観をしっかりと定め、その基準から取捨選択すべきなのに、それがまるでできていない。

なぜなら豪華な家屋に住み、衣服を着飾り、妾まで抱えるような、己を慎む能力を欠いた人材が官職を占拠してしまっているからである。こうした明治初期の状況を嘆いて西郷は、「維新の功業は遂げられ間《ま》敷《じき》也。今となりては戊辰の義戦も、偏《ひとえ》に私を営みたる姿になり行き、天下に対し、戦死者に対して面目なきぞとて、頻りに涙を催されける」と言う（『西郷隆盛全集　第四巻』一九五頁）。ここで用いられている「私を営」むあり方もまた、藩閥争いで勝ち抜いた少数の官僚による恣意的政治のことを指している。こうして西郷は、戊辰戦争の正当性さえも疑わしいものになってしまい、戦死者に申し訳ないと涙を流しているのだ。

西郷にとって当時の日本国内は、維新本来の目標からかけ離れているように思われた。そこで、第二・第三の維新を起こすという発想が生まれてくる。

その西郷自身による最初の行動が、「征韓論」だったのである。

後に、歴史学者の猪飼隆明は著書『西郷隆盛』のなかで、西郷が征韓論を主張した理由を、有司専制体制の打破を目ざすためであったと論じている。有司専制体制に対抗するために、まずは征韓論によって国内に緊張感を醸成する。そのうえで、天皇を梃子に維新をやり直すことを西郷は目ざしていたというのである。国内の体制変革のために他国を刺激してナショナリズムの感情を煽るという方法は、現在でもみられる政治的行為である。板垣の自由民権運動が、そもそも征韓論から生まれた事実からもあきらかなように、西郷が主導した征韓論もまた、アジア大陸への興味関心というよりも、まずは国内状況に変革を迫る「第二の維新」のために唱えられたものだったのである。

玄洋社の大アジア主義

だとすれば、玄洋社もまたその精神を引き継ぐ結社にほかならない。天皇親政による第二の維新と官職の健全化、その最初の試みとしての征韓論、第二・第三の維新を達成した後に実現するはずの公議輿論の実現――これがそれぞれ、玄洋社の三憲則「皇室を敬戴す可し」「本国を愛重す可し」「人民の権利を固守すべし」と完全に一致しているからである。

公議輿論へのつよい思い、それを阻む少数の官僚たちの華美な生活への違和感、そして何より大久保らによる天皇の私的独占にたいする怒り――玄洋社の発足当初の思いは、西郷の近代批判と完全に重なっていたと言えるだろう。西郷の「アジア主義」ときわめて近い場所に、玄洋社はいたということである。

それを示す最もよい例として、頭山が『大西郷遺訓講評』の中で施した次の講釈が挙げられる。

英米なんぞの世界に対する仕打ちはどうじゃ。我がまま勝手のことばかりして、未開後進国の為に、手を引いて教えてやるようなことは、塵一つでもして居らぬ…自由民権論の勃発時代、僕等が平岡浩太郎や進藤喜平太、箱田六輔の諸君と一緒に、筑前の一角に「玄洋社」を起したのも、精神は西郷先生の道義主義、日本主義と何等の変りはないのじゃ。（『頭山満思想集成　増補新版』八四頁）

玄洋社の大アジア主義は、日本・支那・印度の同盟による西洋諸国への対抗を具体的政策として説いている。また同時に東洋聖賢が唱えた仁義道徳によって、西洋文明とは異なる価値観・理念を世界に広めることも目ざしていた。そして頭山はこのアジアの自己主張を、西郷先生に学んだと言っているのである。

さらに注目すべきことに、近代化が日本にもたらした病のはじまりを、頭山は西南戦争の敗北に見ていたのだ。頭山が明治以降の歴史のながれを、いかに西郷の思想を基準に理解し、評価していたかがわかる。

顧みれば明治十年は日本の大厄じゃった。この戦争で日本は神経衰弱にかかったのじゃ。蒼い顔をして薬瓶を下げて、横文字を読んどるのが、明治大正五十年の姿じゃ…南洲先生が生きて居られたならば、日支の提携なんぞは問題じゃない。実にアジアの基礎はびくともしないものとなっていたに相違ないと思うと、一にも二にも欧米依存で暮していた昔が情けない。(13)（同前、一三七頁）

明治三五年（一九〇二）の日英同盟をさして、頭山は日本が西洋の番犬に成りさがったと批判している。と同時に、西南戦争以降の半世紀を「神経衰弱」の時代だと言っているのである。今日、私たちは夏目漱石や芥川龍之介、和辻哲郎などの青白い顔を思い浮かべることができるかもしれない。

孫文

実際、頭山が支援した中国革命の父・孫文（一八六六—一九二五）が、神戸高等女学校で有名な「大アジア主義」演説をおこなったのは、講評刊行のわずか二週間前のことだった。そこで孫文は、日本は西洋の番犬になるのか、と詰問していたのである。西郷の「アジア主義」はその光を、頭山をつうじて、孫文にまで及ぼしていたのである。

3　敬天愛人とテロリズム

佐藤一斎と「敬天愛人」

こうした「アジア主義」と深いつながりをもつ玄洋社から、テロリストが生まれたのはなぜか。それを解くために、ここで改めて、『南洲翁遺訓』それ自体の内容に注目してみよう。西郷の文明観は、「アジア主義」と名づけられるほどの広がりと普遍性を主張するものであり、戦後の知識人をつよく魅了する近代批判であった。また西郷は、明治初期の官僚制を批判し、天皇親政を正しく行うべきだと第二の維新を主張してもいた。これら一切は、実は幼少期の西郷が学んだ儒教思想に支えられている。天道－天皇－官職という国家構造の一切を支配し支える理念こそ、「敬天愛人」だったのである。

この天道という儒教思想が、いかに大きな意味をもっているかを証明するために、西郷がもちいた敬天愛人という言葉に、とくに注意を払ってみよう。敬天愛人とは、たとえば次のように使われている。

道は天地自然の道なるゆえ、講学の道は敬天愛人を目的とし、身を修するに、克己を以て終始せよ。己に克《か》つの極功《きょくごう》は、「毋レ意毋レ必毋レ固毋レ我」（意《い》なく、必《ひつ》なく、固《こ》なく、我《が》なし）（『論語』）と云えり。総じて人は己に克つを以て成り、自ら愛するを以て敗るるぞ。（『西郷隆盛全集　第四巻』二〇三・二〇四頁）

「道」は私たちがどう生きるべきかを示す倫理的基準である。あらゆる場所と人間を問わない——つまり洋の東西を超えた——普遍的な倫理である。その倫理学は、敬天愛人を最終目的としており、そのためには「克己」、すなわち自分の欲望にうちかつことが必要不可欠になってくると西郷は言った。つまり天を敬うこと、他人を愛すること、自己の欲望を徹底的に克服することの三つが、指摘されているのである。

この西郷の思想を理解するためには、佐藤一斎（一七七二—一八五九）という幕末の儒学者に注目せねばならない。一斎は、幕府の公式文教機関・昌平坂学問所の儒者であり、朱子学とともに陽明学を修めたことから、「陽朱陰王」とも呼ばれた人物である。四二歳から八〇歳まで書き続けた『言志四録』は、西郷自身がそこから一〇一カ条を抜き書きし、座右の書としたことで有名である。西郷だけではなく、横井小楠《しょうなん》や佐久間象山、大橋訥《とつ》庵《あん》などおおくの人材に直接間接の影響をあたえた。特に西郷には、一斎と関連する二人の人物が影響をあたえている。

佐藤一斎

春日潜庵

第一に、伊東潜龍。鹿児島に最初に陽明学を伝えた人物であり、佐藤一斎門下であった。門下生には安《あ》積《さか》艮斎《ごんさい》・山田方《ほう》谷《こく》・横井小楠などがいた。幕末、国事に奔走し安政の大獄にも連座した。西郷は、大久保利通・海江田信義らとともに潜龍のもとに講義を聞きにいっている。一斎『言志四録』を西郷が愛読したのは、彼の影響による。

また第二に、春日潜庵。彼もまた京都の陽明学者である。西郷は、弟小兵衛を門下生として入学させ、また在京時には、村田新八を派遣し、治要十三カ条を諮問させている。西郷は佐藤一斎周辺の儒学者のうち、とくに陽明学の影響がつよい人物から教育を受けたものと思われる。

宮城公子や相良亨らの思想史研究を参照すると、佐藤一斎が何よりもまず重視したのが、自己の確立であった。「吾人、須《すべか》らく自ら重んずることを知るべし。我が性は天爵、最も当《まさ》に貴重すべし」(「言志後録」、『日本思想大系46　佐藤一斎　大塩中斎』岩波書店、一九八〇年、五九頁)という一斎は、「真我」「霊光」などの概念を駆使しながら、自己とは何かを説明し、立志の重要性をつよく主張する。

今日から見れば、道徳的説教臭がただよう自己確立の重視は、当時の時代背景を知ると、納得がいくものとなる。

寛政二年（一七九〇）の寛政異学の禁以後、昌平坂学問所の直轄化や役人登用試験が行われてゆくなかで、諸藩には藩校が増設されてゆく。藩校の増加は、儒教の大衆化を生みだし、山田方谷がそうであるように、下級武士あるいは豪農層に藩政への参加可能性の魅力を感じさせた。たとえ藩政参加が無理だとしても、武士身分への上昇志向が強まったのである。

さらに、幕末の対外的危機の連続が、儒教の重要概念「天人合一思想」をにわかに活性化していくことになる。この思想自体は、朱子学・陽明学を問わず儒教に一般的な考え方の一つであり、以前は天と人が一体化するという、ともすれば壮大かつ詩的なものにすぎなかった。

ところがこの時期、対外的危機意識が高まると、「自分の社会的役割とは何か」という問いが、切実に日本人の心をとらえるようになっていく。植民地化の危機が迫る。日本と周辺アジア諸国のこれまでの秩序が急速に変化する。それは当時の日本人にとって、眼前の世界観・秩序に亀裂が走り、崩壊するような体験であった。自明であった自己と社会の関係はあいまいになり、社会における自分の立場・位置づけが不安定になる。すると改めて、「己は何をするために生まれてきたのか」「危機の社会に生きている、自分とはそもそも何者なのか」という、人間観・死生観が突きつけられることになるのだ。

そのとき、自己の存在意義を問い続ける日本人に、にわかに「天人合一思想」がいきいきと蘇ってくる。なぜなら、天から与えられた宿命を感じて政治的な活動をすれば、自分の社会的役割に疑問はなくなるからだ。幕末維新の激動に飛びこみ、自分が政治に参加する理由は、天から与えられたものなのだ——こうして「天人合一思想」は、その抽象性を振りほどき、リアルな思想へと変貌していった。

こうした時代と思想的背景のなかで、佐藤一斎の自己確立の倫理思想は、「己を修め、人を治むる」あるいは「孔子の学は『己を修めて以て敬す』より『百姓を安んず』に至るまで、只これ実事実学」といった言葉に典型的なように他者への関心、つまり政治思想にまで広がってゆくのである。自分が社会全体を引き受けるという気概が、一斎の自己確立の思想に人びとが惹きつけられていった第一の理由になったわけだ。

さらに、「天」と「我が身」にかんする次の文章に、第二の理由を見いだすことができる。

人は須らく自ら省察すべし。天は何の故に我が身を生み出し、我をして果して何の用に供せしむる。我既に天物なれば、必ず天役あり。天役共《きょう》せずんば、天の咎《とがめ》必ず至らん、を省察ここに到れば、則ち我が身の苟《かりそめ》に生く可《べ》からざるを知る。(「言志録」、同前、一一頁)

天はなぜ自分を世界へ送りだしたのか。いったい何をすべきなのか。自分は天に抱かれた存在なので、必ず天が定めた役割があるはずである。ここに儒教の特色の一つである「天人合一思想」の典型があらわれている。はげしい自己確立の思想の背景には、天の命に生きるのだという前提があったのだ。天と人が合一するという感覚が儒教には存在し、その影響を受けた一斎は、天の支えによって個人は力強く政治的実践に入っていけると考えたわけである。

かくして、西郷が敬天愛人で主張した三つの思想が、一斎の深い影響下で語られたものであることがわかるだろう。克己の意思を強くもつことが、ひいては他人を愛する政治思想を生みだし、それは天を敬うことによって支えられているると西郷は言っているのだ(14)。西郷自身が、下級武士の生まれであったことも、この時期の陽明学がもつ上昇志向にひかれる背景となったはずである。

敬天愛人が含みもつ「毒」

ところが、この厳しい自己規律をふくんだ「敬天愛人」の思想は、じつはある大きな危険性を孕んでいた。それは本章で、玄洋社にたいして発した最初の問い——なぜ玄洋社は、相つぐテロリズムを生みだすことに加担したのか——への解答に直結する。西郷の政治思想それ自体のなかに黒い影があり、それが玄洋社にまで伸びている。西郷を慕う者たちからすれば衝撃的なこの事実は、「天」と「誠」、この二つの引用の読み方次第であきらかになる。

> 天は人も我も同一に愛し給う故、我を愛する心を以て人を愛するなり。(『西郷隆盛全集　第四巻』二〇五・二〇六頁)

> 天下後世までも信仰悦服《えっぷく》せらるるものは、只是一箇の真誠なり。古より父の仇を討ちし人、其の数挙げてかぞえ難き中に、独り曾我の兄弟のみ、今に至りて児童婦女子までも知らざる者のあらざるは、衆に秀でて誠の篤き故なり…誠篤ければ、縦令《たとい》当時知る人無くとも、後世必ず知己あるもの也。(同前、二一二頁)

自分を愛する心をもって他人も愛することができるのは、「天」がそうだからだと西郷は言う。ここに「敬天愛人」思想がもつ可能性と危険性が潜んでいる。なぜなら他人にたいし寛大に接する前提には、佐藤一斎も重視する「天人合一思想」があるからだ。つまり人間同士の倫理的関係は、すべて「天」によって与えられ、支えられていることを前提とした思想なのである。

確かに天という超越的価値観に支えられている限り、他人と自分を同様に取り扱える心の余裕を得られる。ところが、もし天の支えを失った場合はどうなるか。強烈な自己規律と自負心は、一切の束縛をもたない暴れ馬のような「自己絶対化」になりはしまいか。

実際、幕末維新期の思想史は、この問題に直面した。たとえば相良亨は、朱子学と陽明学、いずれの影響も脱した日本儒学の特徴を、「誠」という概念に見いだす。そして「誠」の特徴を、善悪の判断や社会情勢の変化などに一切の関心をもたず、ただひたすらに自分の内部を見つめ、自己の心情の純粋性と真面目さを追求する態度だと指摘した。「ただ人に対して事をなすにあたって心から精一杯であればよい」――これが日本儒学の特徴だと相良は指摘したのである（相良亨『相良亨著作集2　日本の儒教Ⅱ』ぺりかん社、一九九六年、五七五頁）。

以上の指摘が、西郷の二つ目の引用に重要な示唆をあたえることは言うまでもない。仇討のなかでも鎌倉時代の曾我兄弟のそれが突出して有名なのは、とりわけ「誠」が篤いからだと西郷は言っている。佐藤一斎からの影響にくわえて、日本儒学一般に見られる傾向を、西郷もまた免れていなかった可能性があるわけだ。

もし日本儒学の特徴である心情の純粋至上主義が、「天」の拘束から解き放たれればどうなるか。ここに「自己絶対化」の危険性が現われる。具体的事例を見てみよう。佐藤一斎から深い影響を受け、自由民権運動で名をはせた植木枝盛《えもり》（一八五七―一八九二）のことである。

植木枝盛

植木枝盛と西郷の共通性

倫理学者の竹内整一によれば、佐藤一斎の思想から「天」が脱落し、自己絶対化に陥った人物は複数いた。なかでも植木枝盛の場合、当初、一斎の「天人合一思想」にあこがれをいだき、同じような文章を書こうと思い立つ。その過程で、一斎の言葉を複数引用しているにもかかわらず、最終的に植木は、「至大至尊」すなわち自己は絶対だという思想を語りはじめるのである。その名も『無天雑録』という著作の中で、「吾に天無し。我を以って天と為す。夫れ吾は天地の紀元、万物の根本なり」と宣言してしまうのだ。ここには西郷が主張していた「敬天」の部分が、完全に否定され脱落しているることがわかるはずだ。克己の自負心が過剰になり、天という基盤を外された結果、何ら束縛を受けない自己絶対化にまで浮上してしまったのである。

そしてこの植木枝盛を襲った自己絶対化の危険性は、西郷本人をもまた脅かしかねないものであった。佐藤一斎の陽明学がもっていた過激な部分、あるいは誠がもつ心情純粋主義が「至大至尊」に陥る可能性を、「敬天愛人」を唱えたはずの西郷自身もまた免れられなかったのである(15)。

その事実を、具体的なエピソードで示してみよう。

薩摩出身の漢学者で、後に東京帝国大学教授に栄進し、実証主義史学の先駆けとなる重野安繹《やすつぐ》は、西郷とは同い年で親しい間柄であった。重野は幼少の頃から学問に秀で、数えで二二歳のときに江戸に上り、昌平坂学問所で一斎らに可愛がられた。

その重野が学生の管理失敗の責任をとり、西郷より一足早く奄美大島に流罪となっていた。その後、西郷も奄美で隠遁生活を強いられることになると、島南部にいた重野は噂を頼りに西郷のもとを訪れた。互いに苦汁を嘗《な》めている時期のことだけに、共鳴することもおおかったはずである。

しかし、後年の重野の西郷評価は意外なまでに冷徹である。次の文章に見える生々しい証言は、直接西郷を知る重野の言葉だけに説得力があり、「敬天愛人」の西郷イメージを崩すには十分なものである。

西郷は兎角相手を取る性質がある。これは西郷の悪いところである。自分にもそれは悪いということをいって居た。そうして、その相手をばひどく憎む塩梅がある。西郷という人は一体大度量のある人物ではない。人は豪傑肌であるけれども、度量が大きいとはいえない。いわば度量が偏狭である。度量が偏狭であるから、西南の役などが起るのである。世間の人は大変度量の広い人のように思って居るが、それは皮相の見で、やはり敵を持つ性質である。トウトウ敵を持って、それがために自分も倒れるに至った。（重野安繹『西郷南洲逸話〔尚友ブックレット　9〕』芙蓉書房出版、二〇一一年、七四・七五頁）

西郷は常に敵をつくり、憤慨している人間であったという。西郷自身も、狭量な性格であることを自認していた。維新後の政局でも新政府の面々にたいして気に入らないことがおおく、最終的には征韓論の敗北を経て西南戦争を引き起こしてしまった――以上のように重野は、西南戦争の原因を、西郷の他人への非寛容に求めているのだ。また、西郷研究者の家近良樹も、西郷が対人関係において極度の潔癖症であったこと、妥協下手であるがゆえに巨大なストレスを抱えていた事実を指摘している。さらに周囲の者の死を目の当たりにしていたことから、常に死、なかでも「戦死」にあこがれ続けていたと言う（家近良樹『西郷隆盛』ミネルヴァ書房、二〇一七年）。

だとすれば、西郷の政治思想のなかにも「敬天愛人」を放棄する毒がふくまれていたことになる。それは佐藤一斎の克己の思想、陽明学のなかに可能性としてふくまれた狭小さの側面である。それはまた、「誠」が含みもつ真面目さゆえに、死をも厭わないテロリズムを容認する危険な情念につながる可能性をもつものであった。

実際、西郷は桜田門外での井伊直弼暗殺の報に狂喜乱舞したという。さらにそれから一年後の書簡でも、井伊暗殺を祝して「昨日は斬姦《ざんかん》の一回忌にて、早天より焼酎呑み方にて、終日酔い居り申し候」（『西郷隆盛全集　第一巻』一九七六年、一七一頁）とわざわざ書き記している。このとき西郷の顔には「敬天愛人」とは異なる、もう一つの暗部が垣間見える。西郷自身が主張してきた「アジア主義」、普遍的な広がりと天に支えられた慈愛に充ちた文明観とはほど遠い精神状態がここに見て取れるのである。

そしておそらく、この先に出てきたのが「天を恨み人を憎む」玄洋社のテロリストたちだったのである。『南洲翁遺訓』がふくみもつ可能性と危険性の双方を、頭山と玄洋社に集う者たちは、まさしく正確に継承しなぞってゆくことになる。

玄洋社と長崎事件

西郷の「文明」と「アジア主義」を目ざして始まったはずの玄洋社は、天道を恨み、自己絶対化の毒にはまり込む危険人物たちを、次第に生みだしてゆく。西郷自身の体内をめぐる毒、すなわち一斎の陽明学と天の欠落が生みだした鬼子が、玄洋社の中にその姿を現しはじめたのである。

玄洋社の変質は、その政治理念の変化からも見て取れる。たとえば、発足当初は「皇室を敬戴す可し」「本国を愛重す可し」「人民の権利を固守すべし」などの積極的な理念を打ち出していたが、次第に「反」政府、あるいは「反」欧化主義などのように、ある価値観にたいする否定ばかりを叫ぶようになる。西郷の「アジア主義」のような、自らが信じる積極的でしかも寛容な文明観を、提出することができなくなってゆくのだ。

その結果、彼らは世間を騒がせる事件に触発されるたびに一喜一憂し、その活動理念を簡単に変化させてしまうようになる。

長崎事件を例にとってみよう。明治一九年八月、丁汝昌に率いられ長崎に停泊していた清国の北洋艦隊の水兵が婦女に乱暴を働くなど狼藉に及び、日本側の巡査らと大乱闘になった。さらに水兵たちは警察署に乱入する事態まで引き起こし、双方に多数の死傷者が出た。日本政府は丁汝昌と交渉するものの、要領を得ないまま北洋艦隊は抜錨して去ってしまった。国内世論は清国批判で沸騰し、後の日清戦争の素地となった事件である。

玄洋社もまた「国辱」にたいして悲憤慷慨する。次の引用からは、長崎事件を契機に玄洋社が当初の理念を軽々と放棄し、民権論から国権主義へと大きく舵を切っていくことになる様が読み取れる。

殊に玄洋社員等は、之の國辱を聞いて皆悲憤慷慨す、乃《すなわ》ち玆《ここ》に民権伸張論を捨て丶、國権主義に変ずるに至れるなり、民権の伸張大《おおい》に可《よ》し、然れども徒《いたずら》に、民権を説いて、國権の消長を顧みる無くんば、以て國辱を如何せん、宜《よろ》しく日東帝國の元気を維持せんと欲せば、軍國主義に依らざる可《べか》らずとし、國権大に張らざる可らずとし、遂に曩《さき》の民権論を捨つる弊履《へいり》の如くなりしなり、…（『玄洋社社史』四〇八頁）

民権論を捨てて国権主義に転向した玄洋社の主張が、「反」清国の激情に駆られ、軍国主義とイコールになってしまっている点に注目しなければならない。武力による覇道を叫んでいる以上、この時点で玄洋社の国権主義は、西郷のアジア的な文明観に基づく「天道」とは全く別物になってしまっている。西洋文明を超えるアジア的価値観どころか、逆に西洋帝国主義に追従し、力の福音を振りかざすまでに堕落したのだ。

来島恒喜とテロリズム

さらにもう一つ、玄洋社の毒が噴出した事例がある。玄洋社の一員であった来島恒喜（一八六〇―一八八九）による大隈重信遭難事件である。これが玄洋社関係者による最初のテロリズムとなった。

かつて中江兆民が主宰した仏学塾で学んだ経験もある来島は、山岡鉄舟からも認められ、東京谷中の禅寺全生庵に寄寓し、参禅と読書に励んだ時期もあった。一方で、新政府の欧化政策に激しい違和感を抱いていた。明治二〇年四月二〇日、伊藤博文首相邸でおこなわれた仮装舞踏会の様子が『東京日日新聞』で報道されると、情報からイメージをふくらませた来島の怒りは頂点に達する。来島から見れば、国内の乱痴気騒ぎは、西洋諸国に媚びを売っているものとしか思えなかったのだ。

誰に日本を託せば、日本人が本来の姿を取り戻せるようになるのか。西郷亡き後、日本を託せる人物は勝海舟しかいないというのが来島の結論であった。

海舟は、仮装舞踏会の直後に「時弊二十一箇条」を建白し、近頃、意味もなく宴会や夜会を開催し太平無事、奢侈になっていること、舞踏会などの淫猥な風評も世間には広がっていることを指摘し政府に猛省を促していた。

来島は海舟に対する期待を書翰のなかでこう書いている。

> 西郷も已に斃れ、又國家の重きに任ずるものなし、今の廟堂は、小人の淵藪なり、故に如此《かくのごと》き売國の行為を為せり、民間亦人なし、板垣、谷、大隈の如き何れも気宇狭少一方に偏し國家の重きに任ずるに足らず、後藤は気宇濶大なれども、是亦油断のならぬ人物なり、此際独り内憂外患の衝に当り、動かざること山の如くして、其任に堪ゆべきは、勝房州を置き他にあらざるなり、……（岡保三郎編『来島恒喜』重遠社、一九八〇年、八七頁）

ところが、伊藤博文が首相の職を辞し、黒田清隆内閣が誕生すると、海舟は枢密顧問官の職務を拝命し政府内部の人間となってしまった。悲憤慷慨した来島は、もはや行動あるのみと短絡し、外務大臣の大隈重信に爆弾を投げつけ、直後に自ら頸動脈を掻き切って命を絶つというテロ事件に及んだのである。

来島恒喜

「天道是か非か」

西郷の政治思想がもつ危険性を考えると、事件後にある検事が漏らした言葉「嗟呼《ああ》恒喜は、眞箇《しんこ》日本武士の典型なる哉」（『来島恒喜』二四七頁）で来島を肯定し賞賛しているだけでは済まされない。むしろ、その性格について書かれている「平素謹厚、人と争ふことを好まざりしと雖ども、最も義に勇み、情に激し易き人物なりき。故に彼の一たび怒るや、動《やや》もすれば鉄拳を之に喫せしめずんば止まざるの概《おもむき》ありしなり」（『来島恒喜』二七二頁）に注目すべきである。

一旦、激情がほとばしると、暴力に訴えてまで自己の正義を貫徹しようとする心情。止めようのない粗暴な振る舞いは、狭小な自己絶対化の典型だと言えるではないか。西郷を慕ってやまないにもかかわらず、来島の性格のどこに慈愛と寛大さを、つまりは「天道」に支えられた文明観を見いだすことができようか。

来島から見れば、政治家であれ、都会の繁華街であれ、そこを行き交う洋装に身をつつみ睦み合う男女ですらも、汚辱にまみれ、腐敗しきっている。この腐りきった社会を自分が思うような美しい日本にしたい。不純物を取り除き、正義でこの社会を充たしたい。猥褻なもの、不条理なものを一掃したい——来島の動機が極めて真面目かつ純粋であることに注目すべきである。来島が死を恐れていなかった以上、その直進する思いを誰にも止めることはできない。暴力は悪であるという通念は、テロリストには通用しない。なぜなら先にも引いた頭山の講釈にあるように、来島は「天道是か非か」と思い詰め、「天道さま」まで恨んでいるからだ。

南洲先生が「敬天愛人」を教えられたのは、寔《まこと》に天下の大道で、この道さえ踏み違えなんだら、人に後ろ指をさされるようなことはあるまい。とかく世の中には「天を恨み人を憎む」という方が多くてのウ。ともすると「天道是か非か」なんどといって天道さままで恨むことになるのじゃ。

「敬天愛人」を説く西郷には、「アジア主義」的な普遍性と、「天道是か非か」と問い詰める狭量さの種《たね》が同時に含まれている。私たち日本人が西洋文明と近代社会に違和感を覚え、アジアに理想を見いだそうとするとき——つまり「近代批判」に魅力を感じるとき——つねに西郷は呼び戻される。その際、私たちは頭山の講評とその帰結を反芻しながら、つねに「敬天愛人」の意味を問い直さねばならないのである。

第四章　天皇――橋川文三『西郷隆盛紀行』とヤポネシア論

橋川文三　大正 11 年（1922）— 昭和 58 年（1983）

1　天皇と革命

三島由紀夫の西郷論

戦後、第三章で指摘した「敬天愛人」がもつ危険性を、むしろ肯定し継承しようとした人物がいた。小説家の三島由紀夫（一九二五―一九七〇）である。佐藤一斎と西郷隆盛の陽明学思想がふくみもち、玄洋社のテロリズムによって顕在化した「毒」を、三島は革命思想として肯定した。

橋川文三らと同時代に活躍した三島は、昭和四三年（一九六八）の学生運動に強い刺激を受けつつ、憲法改正と自衛隊の蹶起を呼びかけ割腹自殺した。昭和四五年一一月二五日のことである。その過程で、三島は西郷の業績について触れる文章を書き遺す。晩年の論文「革命哲学としての陽明学」と「文化防衛論」がそれである。

前者の論文は、タイトルからも分かるように「革命」が主題である。革命と言えばマルクス主義と同義という時代状況にあって、三島は陽明学に注目すべきだと主張した。

三島の眼には、局地的な学生運動の盛り上がりとは裏腹に、日本全体の雰囲気は、一種の現状追認主義に陥っているように見えた。東京オリンピックも成功し、経済成長真っ只中の日本人は、豊かさを生きる意味の基軸にすえている。それを批判する有効な術を、毛沢東の中国を賛美する竹内好らのアジア主義をのぞけば、知識人たちはもっていなかった。三島は『葉隠』や平田篤胤の国学、さらに天皇への敬意を口にすることによって、日本を覆う現状追認主義に対抗しようとしたが、インテリからは右翼呼ばわりされ、大衆からも時代錯誤だと白眼視される状況だったのである。

とりわけ三島が注目を促した陽明学は、当時の知識人からは一顧だにされず、完全に排除された学問であった。しかし三島は、陽明学こそが明治維新の原動力であり、西郷をも魅了してやまなかった思想であると譲らなかった。

明治維新は、私見によれば、ミスティシズムとしての国学と、能動的ニヒリズムとしての陽明学によつて準備された…また、これと並行して、中江藤樹以来の陽明学は明治維新的思想行動のはるか先駆といはれる大塩平八郎の乱の背景をなし、大塩の著書「洗心洞箚記《せんしんどうさっき》」は明治維新後の最後のナショナルな反乱ともいふべき西南戦争の首領西郷隆盛が、死に至るまで愛読した本であつた。(「革命哲学としての陽明学」、『決定版　三島由紀夫全集　36』新潮社、二〇〇三年、二八〇頁)

三島の陽明学論

では三島は陽明学をどう理解していたのか。三島によれば、陽明学の骨髄は「知行合一」と「帰太虚」の二つの言葉で表すことができる。

知行合一とは、自分の認識と実際の行動が一致することである。では、人はどうすれば、認識と行動を一致させることができるのか。その答えは、「帰太虚」という哲学を調べればわかる。

太虚とは、生死も善悪も超越したあらゆる物事の源のことである。たとえば壺が毀されると、壺内を満たしていた空虚はそのまま拡散し、太虚に帰っていく。もし人間の肉体を壺だと見なせば、肉体の内部にある人間の精神は、それを澄みきったものにすれば、毀れても太虚の中に拡散してゆくだけである。つまり粉々になった肉体から、精神は太虚へと戻ってゆくのだ。

形あるものはすべて滅び、かつ動揺止《とど》まらざるものである。大きな山でさえも地震によって瓦解する。しかし地震ですら、形なき太虚は動かすことができない。だから精神が太虚に帰するようになれば、心に動揺が走ることはないのだ。心は「不動」になるのである。

こうなれば肉体の崩壊、つまり死などは何ら恐れるに足らない。肉体が亡びてもなお精神は死なず太虚へと戻るだけであり、決心が揺らぐこともないからだ。陽明学の徒・大塩平八郎は、これが天命を知ることだと言った。

三島由紀夫

そして三島が注目したのが、大塩が死して四〇年の後、西南戦争に散った西郷だったのである。安政の大獄の際、勤皇僧月照を逃がしきれず、錦江湾に入水し蘇生したとき（二五六頁参照）、西郷は神秘なる太虚の存在を垣間見たにちがいなかった。それは大塩平八郎が蹶起する際に見たのと、同じものだと三島は考えていた。
三島は『南洲翁遺訓』の以下の部分を引きながら、西郷と大塩に共通する心性を、以下のように説明している。

聖賢に成らんと欲する志無く、古人の事跡を見、迚《とて》も企て及ばぬと云ふ様なる心ならば、戦に臨みて逃るより猶《な》ほ卑怯なり。朱子も白刃を見て逃る者はどうもならぬと云はれたり。誠意を以て聖賢の書を読み、其の処分せられたる心を身に体し心に験する修行致さず、唯个《か》様《よう》の言个様の事と云ふのみを知りたるとも、何の詮無きもの也。予今日人の論を聞くに、何程尤《もっと》もに論する共、処分に心行き渡らず、唯口舌の上のみならば、少しも感ずる心之《こ》れ無し。真に其の処分有る人を見れば、実に感じ入る也。聖賢の書を空く読むのみならば、譬《たと》へば人の剣術を傍観するも同じにて、少しも自分に得心出来ず。自分に得心出来ずば、万一立ち合へと申されし時逃るより外《ほか》有る間敷也。(「南洲翁遺訓」三六)

…このやうな同一化の可能性が生じないで、ただおとなしくこれを学び、ひたすら聖人に及ばざることのみを考へてゐるところからは、決して行動のエネルギーは湧いてはこない。同一化とは、自分の中の空虚を巨人の中の空虚と同一視することであり、自分の得たニヒリズムをもつと巨大なニヒリズムと同一化することである。(同前、三〇〇・三〇一頁)

聖人あるいは賢人に自分もなろうという気概を持たず、気弱な心なのは敵前逃亡よりも卑怯である。誠実に書物を読み、聖人・賢人の思いを心身に叩き込む修行をしないで、理論ばかり知っていても何の意味もない。今日の人の意見は論理のうえではもっともだが、少しも感動を起こさない。昔の聖人たちの書をただ読むだけなら、剣術を傍観しているのと同じで行動には結びつかない。自らの力で体得せねば逃げ腰になるのみだ――このように『南洲翁遺訓』が主張するのを受けて、三島は「空虚」との同一化と「行動」の重要性を指摘する。

こうして陽明学の帰太虚は、人びとに自らの死を軽々と乗り越え、革命を引き起こす能動性をあたえることになった。それを三島は、「能動的ニヒリズム」という言葉で説明しなおしているのである。

天皇が担う「文化」

ではなぜ、ここまでして三島は陽明学の復興を叫び、西郷を高く評価し、暴力的な革命を求めたのだろうか。

それは三島が、眼前の戦後社会だけではなく、日本の近代化一〇〇年を呪っていたからである。昭和四三年（一九六八）に発表された「文化防衛論」には、伊藤博文がつくった政治体制を全否定する言葉がつらなっている。とりわけ欽定憲法体制には、決定的な問題点があると三島は述べている。この憲法では、天皇を西洋流の立憲君主制に押し込めてしまうことになるからだ。三島の考える天皇の本質に、決定的な傷をあたえてしまっている。なぜなら天皇から文化の薫りを脱臭し、政治的側面からのみ天皇を見て、立憲君主と定義しているからである。

ここで三島が言う「文化」とは、たとえば美術館に管理陳列されているような、生命の躍動感を失った文化政策を意味しない。もっと原始的で人間の豊饒な欲望に根差した感情の表現であり、ときに現体制にとって危険で有害な毒すら含んだものである。日本の伝統にそって具体化すれば、それは「能の一つの型から、月明の夜ニューギニヤの海上に浮上した人間魚雷」から、さらには「源氏物語から現代小説まで、万葉集から前衛短歌」までをふくむフォルム（形）すべてのことを指すのである（「文化防衛論」、『決定版　三島由紀夫全集　35』新潮社、二〇〇三年、二二頁）。

これら三島が肯定する日本文化を司る総帥的存在こそ、天皇その人なのである。だから天皇は、文化と深いかかわりを持ちつづけるべきなのだ。天皇の本質は、政治だけに限定される狭いものではなく、日本人にとってもっと包括的な存在なのだ――。

このように考える三島にとって、明治以来の一〇〇年間は堕落一途の時代であった。決定的な転換点は、大正一四年の治安維持法の制定であった。治安維持法は、その第一条において国体を変革し、または私有財産制度の否定を目的とした行為を禁じている。もちろん私有財産制度の否定とは、マルクス主義を意識して書かれた文言である。

しかし、そうなると守るべき国体、すなわち日本の姿は私有財産制度＝資本主義ということになってしまう。明治立憲体制は、天皇の国家を資本主義だと言っているのである。そのなれの果てが、敗戦後の日本、高度経済成長に現《うつつ》をぬかす日本として、三島の眼の前にあったのだ。

天皇と革命

だから三島は次のように考え、天皇と革命の必要性を訴えた。

戦前戦後をつうじて天皇と日本国は、自らのアイデンティティを、西洋風の政治制度と経済成長だけで定義してしまった。日本の近代化とは、天皇と私たち日本人から、文化の薫りを奪い去る時代だったのだ。

だが経済に自己の存在意義を置いている限り、他国との競争に翻弄され、豊かさを失うことが自国の存在意義を失うことに直結してしまう。そんなあやふやなアイデンティティを支えに、この国は成り立っていていいのか。「無機的な、からっぽな、ニュートラルな、中間色の、富裕な、抜目がない、或る経済的大国が極東の一角に残る」だけになりはしまいか（「果たし得てゐない約束――私の中の二十五年」、『決定版　三島由紀夫全集　36』二一四・二一五頁）。

吉田松陰

政治でも経済でもない、ほかならぬ「文化」を取り戻すために、日本人は具体的な行動を起こさねばならない。その際、陽明学こそが参考になるのであり、尊皇を唱えつつ明治新政府に最初に反旗を翻した西郷は、大塩平八郎や吉田松陰と並びたつ先人だったのだ。そう三島は主張しているのである。

三島は文化を取り戻すための行動を、西郷が奄美大島で狂喜して聞いた「桜田門外の変」に見いだす。

文化を守ることは、眼の前の国家権力や秩序にゆさぶりをかけ、攪乱してでも取り戻すべき伝統のことをさす。埋もれたものを取り返すための行動こそ、孝明天皇のために蹶起し、大老井伊直弼を誅殺した「桜田門外の変」だったのだ。

すなはち、文化概念としての天皇は、国家権力と秩序の側だけにあるのみではなく、無秩序の側へも手をさしのべてゐたのである…孝明天皇の大御心《おおみこころ》に応へて起《た》つた桜田門の変の義士たちは、「一筋のみやび」を実行した…（「文化防衛論」、『決定版　三島由紀夫全集　35』四六・四七頁）

三島から見れば、文化とは、井伊暗殺すら許す無秩序で、死の匂いを感じさせるテロリズムを含んでいるものであった。ならば奄美の地で井伊暗殺の報に狂喜し酒を呑んだという西郷も、日本文化の伝統を守ろうとした一人になるだろう。

西郷は、倒幕の過程で屍の山を築き、維新後は自らの「暴殺」を覚悟した征韓論を唱え、さらに西南戦争で華々しく散った。そのことによって明治新政府の画一化された「からっぽな日本」ではなく、より深い日本文化の伝統につながっている。政治家を超えたエロスと魅力を湛えている。その西郷の死後、三島が評価した文化的天皇とはまったく別の立憲君主制日本が出来あがってしまった。みやびを忘れ、天皇から文化的価値を奪い去り、その風潮は戦後になっても何一つ変わっていない。だから明治以降の一〇〇年を、三島は全否定すべきだと考えたのだ。

「西郷」を発見する橋川文三

三島は、陽明学の行動主義の伝統を復活させ、革命＝テロリズムを起こし、あるべき天皇像を取り戻そうとした。西郷に渡辺京二や竹内好らのアジア主義とは別の角度からの近代批判、天皇による革命という近代批判を読みこんでいたのだ。

こうした激しい議論は、当時から物議を醸した。

三島の最大の理解者であり、同時に最強の論敵であった橋川文三は、三島の「文化防衛論」にたいし、「美の論理と政治の論理」という反論を書いている。橋川はまず、すべての日本文化の源泉こそ「天皇」だと主張する三島の天皇絶対化の論理は、ルソーの「一般意志」の絶対性を想起させると主張した。そしてルソーがフランス革命後の恐怖政治とテロリズムを生みだしたように、三島の天皇概念も神風連の乱や西南戦争の動乱を肯定したのだと理解した。

その上で橋川は、三島の以上の論理には、決定的な問題点があることに気がつく。なぜなら「政治」とは、権力をめぐる駆け引きであり、矮小な人為の世界にすぎず、「悪」を飼い馴らす技術のことを指す。にもかかわらず三島の主張する天皇と政治の関係は、こうした不純さと悪を受けつけられない、あまりにも理想的で繊細な美的な概念だったからである——以上の論文の内容は、三島が脱帽するほど天皇の本質をめぐる高度な議論が展開されていた。第二章でふれた橋川の論文「西郷隆盛の反動性と革命性」も、この時期に書かれている。

そして何より、三島の西郷理解に対抗していくうえで、橋川にとって決定的に重要な意味を持ったのが、『死の棘』などで知られる作家・島尾敏雄（一九一七—一九八六）との対談であった。

後ほど詳しく論じるように、島尾は当時、「ヤポネシア論」と呼ばれる独自の南洋諸島論を展開しており、それが橋川に流罪時代の西郷に注目するきっかけをあたえた。三度にもおよぶ「流罪」を経験しているにもかかわらず、この時期に注目した西郷論は見当たらない。ここにこそあたらしい西郷論、三島の考える勤皇の志士・西郷の系譜とはまったく違う西郷像があるのではないか——橋川はそう確信したのである。

2 「菊池源吾」の南島時代

安政の大獄と入水事件

安政五年（一八五八）一一月一五日夜半のことである。

旅装束に身を包んだ西郷をふくめた四人が乗り込んだ船は、煌々とかがやく満月に照らされた錦江湾の海面を滑りだした。しばらく湾内を進むと、丘の方に寺が見えてくる。西郷は傍らに同行の僧侶を招き寄せ、あの寺は心岳寺といい、島津家にゆかりが深いことを教えた。促された僧侶が心岳寺にむかって手を合わせ、頭を垂れたときのこと、突如、西郷は僧侶を抱きかかえたまま初冬の錦江湾へもろともに身を投げた——。

西郷と勤王僧月照の入水事件である。驚いた平野國臣らが船上に引き上げたものの、月照はすでに息絶えており、二昼夜の看病によって西郷だけが蘇生した。つまり西郷は死に損ねたのである。

三島も注目した入水事件の背景には、「安政の大獄」があった。将軍継嗣問題で一橋慶喜の擁立を目ざし東奔西走していた西郷は、徳川慶福を推す大老井伊直弼ら紀州派との抗争に敗れ、窮地に立たされていた。同年九月の梅田雲浜の逮捕を皮切りに、切腹・死罪・獄門八名をふくむ七九名が粛清され、橋本左内も吉田松陰もここで命を落としている。尊皇攘夷を主張していた月照もまた例外ではなく、西郷と共に追手から逃れて薩摩入りしていたのである。

ところが、安政の大獄に先立つ七月、島津斉彬が急逝したことによって、薩摩藩の雰囲気も一変していた。斉彬亡き後、実権をにぎった久光は方針を転換し、西郷の懸命な嘆願にもかかわらず、月照を厄介者として「東目送り」とする処分を下した。「送り（流罪）」とは名ばかりで、実際は月照を国境で斬り捨てることを意味していた。

西郷が月照とともに錦江湾に身投げしたのは、こうした薩摩藩内外の激しい時代の変化に傷ついたからにほかならない。

蘇生後、三五日目の一二月一九日、長岡監物宛の手紙で、西郷はこの時の心境を述べている。

　随って私事土中の死骨にて、忍ぶべからざる儀を忍び

月照

罷り在り候次第、早《はや》御聞届け下され候わん。天地に恥《はずか》ケ敷《しき》儀に御座候え共、今更に罷り成り候ては皇国のために暫く生を貪り居り候事に御座候。(『西郷隆盛全集　第一巻』、一三二頁)

「土中の死骨」とは、少しも大袈裟な表現ではなかった。事実、薩摩藩は幕府にたいして西郷は死去したと伝え、名を菊池源吾と改めさせたうえで、奄美大島に送ったからである。

以後、奄美大島での三年にもわたる離島生活を経験した後、文久二年(一八六二)に一旦は帰郷を許されたものの、久光の指示を待たずに軽挙妄動したことが逆鱗に触れ、わずか数カ月後、ふたたび島流しが決定する。徳之島に三カ月滞在後、最終的には沖永良部島の牢囲で二年余りの時を過ごし、歴史の表舞台に復帰したのは元治元年(一八六四)のことであった。つまり、わずかな期間を除き、数え年三三歳から三八歳の壮年期の五年間を、西郷は離島暮らしに費やしたのである。

後年、『南洲翁遺訓』のなかで「予壮年より艱難と云ふ艱難にかかりし故、今はどんな事に出会うとも、動揺は致すまじ。夫《そ》れだけは仕合せなり」との言葉を漏らしたのも、こうした体験をふまえてのことにちがいない(『西郷隆盛全集　第四巻』二〇八頁)。

南島の西郷

では、西郷は実際に南島で何を見たのだろうか。

安政五年年末に奄美行きが決定し、翌年正月一二日には島北部の龍郷で生活をはじめた。島民からみれば、西郷は大きな体軀のヤマトンチュ（大和人）であって、猜疑と好奇の眼にさらされた。

琉球王朝に支配されていた時代にまでさかのぼる由緒ある家柄はユカリッチュと呼ばれ、地域で実力を有していた。西郷は龍家と呼ばれるユカリッチュの厄介になりながら、連日雨の降る島暮らしを強いられていた。「皇国」への思いを胸に秘め、身を低くして時をやり過ごそうと決意していたのである。

大久保利通――当時の名は正助――宛の書翰で、「けとう人には込り入り申し候」と現地人への軽蔑を隠さず、島の女性の容姿をからかい半分に報告し、一刻も早い帰郷を望んでもいた。にもかかわらず、西郷は島の別の側面にも注目していた。北海道松前藩がアイヌ人に行っている苛政よりもなお悲惨な光景に気づいたのである。

「当島の体誠に忍びざる次第に御座候」という西郷の嘆息の背景を知るには、奄美大島が置かれてきた歴史を復習する必要がある。

奄美に薩摩が支配をおよぼすのは、慶長一四年（一六〇九）にまでさかのぼる。それに先立ち、支配権をもっていたのは琉球王国であった。つまり奄美の歴史は、琉球と薩摩のあいだをゆれ動く歴史である。島で砂糖生産が発達すると、元禄一一年（一六九八）に、薩摩は「黍横目《きびよこめ》」という警察組織をつくり、砂糖生産を強制することになる。その後、ついには年貢も砂糖を米換算で徴収するまでになる。藩は砂糖一斤につき米三合六勺を交換するという方法で年貢を収奪した。余った砂糖についても換金することを許さず、島民にあらかじめ必要な生活物資を報告させておき、これまた砂糖と交換するという方法をとっていた。さらに余った砂糖については、徳之島と沖永良部島のばあい、米との交換を許していたが、奄美大島についてはそれさえ認めず、無償で収奪する苛政ぶりであった。

二五〇年にもわたる薩摩藩と南島との交易においては、あたかも砂糖が貨幣のような役割をはたしていた。島内部では、生活物資を手に入れる交易の基準として、砂糖しか認められていなかったからである。しかも砂糖という貨幣の流通量は、薩摩藩の完全な支配下に置かれている以上、「貨幣」が増殖し、島全体の経済が拡大成長する可能性はまったくない。最低限の貨幣が毎年流通し、凶作になれば逆に流通量は減少する。恐慌だけがあって成長はない、奇妙な経済システムが薩摩藩によって押し付けられてきたのである。

西郷が奄美に来た頃は、砂糖の凶作にあたっていて、米生産が少ない島は輪をかけて米の買い入れが困難な状態に陥っていた。破産した島民は身売りをし、無償労働で大農場に駆りだされた。彼らはヤンチュと呼ばれ、大農場経営者シューターのもとで搾取されていた。ちなみに、西郷が身を寄せたユカリッチュの龍家は、このヤンチュを七〇名以上抱えたシューターでもあった。

ゆらぐ「皇国」観念

西郷が一八歳のとき、最初についた仕事は郡方書役助《こおりかたかきやくすく》という農政関係の職務であり、以後、斉彬に見出されるまでの一〇年間、同じ仕事を続けていた。この長年にわたる実務経験が、農村の疲弊に対する西郷の感度を敏感にしていた。自らが所属する薩摩藩が、奄美などの南島にたいし、いかに過酷な収奪を行っているかを見逃さなかったのである。

三度目の流罪地沖永良部島から薩摩に戻ったばかりの元治元年（一八六四）三月、西郷は藩庁へ上申書を提出する。それは南島で実見してきた砂糖専売制度の過酷さを糾弾・是正するためのものだった。このままでは仮に外国人が島に食指をのばし、偽りの慈善事業でもって民心をたぶらかせば、島民は即座に薩摩藩に反旗をひるがえす時がくるだろう。こうした危険は十分に予想できるので、現行の収奪システムを改めるべきだと西郷は訴えたのである。

また島を離れる直前には、西郷は飢饉対策である「社倉趣旨書」を書き残してきた。社倉とは一種の保険制度のようなもので、西郷自身が構想したきわめて具体的な凶荒対策である。

譬《たと》えば一ヶ村にて五石の米高に相及ばば、弐割の利付きにては一ヶ年には、一石の利米と相成るなれば、右を本《もと》に相立て年々仕くり候得ば…五ヶ年には十三石余の米高に相成り候わん。其の節は最初の出米の分は銘々《めいめい》へ返し当《あた》え、利米斗《ばか》りを以て右の手数にて仕繰《しく》り候わば、人々不時の災難を救い、又は廃疾《はいしつ》のものをもあわれみ、何か救助の道相付く事にはあるまじきか。（『西郷隆盛全集　第一巻』二六九・二七〇頁）

西郷は、藩自体に収奪改善を要求すると同時に、次善の策として、現状をふまえた具体的対処法を島人にむかって提言していたのである。

こうした生活のなかで、西郷の「皇国」すなわち天皇への思いは、次第にゆらぎはじめる。第三章で見たように、西郷は、天道－天皇－官職という上下関係のうち、特に官僚の堕落を批判していた。そして天皇親政の誠実な実行をもとめて、第二の維新を行うことまで思い詰めるようになる。後に、征韓論で下野し、西南戦争に疾走してゆく西郷は、まぎれもなく天皇の存在を重視していた。しかし、国政の中心を担う直前のこの時期、はるか南島での生活が、西郷の皇国への思いを徐々に変化させていた。後の西郷からは想像もできない地点に、彼は誘われていったのである。

安政六年正月二日、奄美にむかう途中で大久保利通に宛てた書翰と、龍郷生活が三年目をむかえた文久元年の大久保宛の書簡の内容は、それを裏付けるものである。文中、「先君公」とは、西郷を抜擢した斉彬のことである。

先君公の　朝廷御尊奉の御志、親しく承知奉り、如何にもして　天朝の御為に忍ぶべからざるの儀も相忍び、道の絶《た》えはて候迄は尽すべきの愚存に御座候間、汚顔を顧《かえり》みず拙考《せっこう》の儀も御返事申し上げ候間、必ず御親察下され御用捨希《ねが》い奉り候。（『西郷隆盛全集　第一巻』一三五・一三六頁）

迚《とて》も当年中には召し帰され候儀も六ヶ敷《むつか》明《しくあき》らめ居り申し候…私には頓《とん》と島人《しまじん》に成り切り、心を苦しめ候事計《ばか》りに御座候。（同前、一七二頁）

当初、西郷は斉彬の「朝廷御尊奉」の遺志に報いるために、「天朝」すなわち「皇国」に思いを馳せ、激しい焦りを募らせていた。ところが三年後には、今や心を苦しめる案件は、日々の暮らしの些事になったと書いている。ここには、現地奄美で愛加那という妻を娶り、菊次郎という子宝にも恵まれた西郷の心境の変化がはっきりと表れている。

今まで自らに生きる意味を付与してくれた存在自体が遠のいていく。それが「皇国」である以上、西郷が維新の流れから逸脱しかけていることは間違いなかった。薩摩の支配が及んでいるとは言え、南島はあまりにも国づくりの現場から離れすぎていた。しかも薩摩の苛政が許せない以上、西郷は藩政からも、ひいては皇国からも離脱しかけていたのである。

島尾敏雄のヤポネシア論

さて、ここに一冊の本がある。昭和五六年（一九八一）に刊行された橋川文三の『西郷隆盛紀行』である。

橋川については、すでに何度か触れたが、『日本浪曼派批判序説』で一躍脚光を浴び、『昭和維新試論』や『ナショナリズム』等、いぶし銀の著作をいくつも遺した政治思想史研究者である。「美と政治」「天皇と革命」などのテーマをめぐり、三島と緊張感溢れる議論を展開し、一九六〇―七〇年代の言論界を牽引した。現在でも桶谷秀昭や渡辺京二など、橋川体験から学問を出発させたと語る者は少なくない。

昭和五〇年（一九七五）に朝日新聞社の評伝シリーズから西郷伝の執筆を依頼された橋川は、

西郷の島流し時代を描けば、類書とは異なる評伝が書けるのではとの思いを抱く。そこで、南島時代の西郷の足跡を追うために、奄美大島と徳之島・沖永良部島への訪問を決めた。戦前、日本浪曼派から影響を受けた人らしく、橋川はフリージアの咲き乱れる離島の風景に心揺さぶられ、西郷への想像力をかきたてられたのであった。

その際、先に触れた通り、橋川は奄美大島で島尾敏雄との対談を行った。当時、鹿児島県立図書館名瀬分館館長だった島尾のもとを、新聞記者を同伴して橋川が訪問したのである。二〇年にわたり奄美に住み、そこで「ヤポネシア論」という独自の概念で南島の重要性を訴え、中央文壇にも影響をあたえていた島尾との対談をつうじて、橋川は期待に違わぬおおくの刺激を受けることができた。

ぼくの大きな勘は確かだってこと、島尾さんの話を聞いていて、そう思いました。離島時代の西郷にあたらないと、あとは、維新のピーヒャラ・ドンドンになる。威勢のいいことばかりやる、悲愴なる大英雄みたいなの書いたってだめだという、そのことは、前から感じていた。西郷にとっては、島の時代が大事なんだ。だから、離島時代さえ書ければ……。（橋川文三『西郷隆盛紀行』朝日新聞社、一九八一年、九一頁）

島尾は西郷自体にはさほど詳しくなかった。ただ島尾が提唱した「ヤポネシア」という概念は、橋川を大いに刺激した。日本本土からは切り離された奄美や沖縄をふくむ諸島「琉球弧」について、ポリネシアやメラネシアといった島嶼群から着想を得てヤポネシアと名づけ、独自の日本列島論を主張したのである。

先にも述べた通り、一九六八年には「明治維新一〇〇年」が騒がれたが、それはあくまでも西南雄藩の下級武士たちが中心となって創りあげた「近代日本」に注目しているに過ぎない。それは明治新政府の史観一色に染め上げられ、画一化された日本なのであって、島尾は常々、息苦しさと違和感を覚えつづけてきた。

しかし、島尾がどこかへ亡命したいと思っても、単純に海外へ逃亡すれば済む話ではなかった。なぜなら世界のどこへ脱出しようとも、島尾はあくまで日本人であって、日本の呪縛からは逃れられないと気づいていたからである。

島尾敏雄

「もう一つの日本」と多様性

では、どうすればよいのか。短文「ヤポネシアと琉球弧」のなかで、島尾は「もう一つの日本」という概念を着想する。

この抜け出せない日本からどうしても抜け出そうとするなら、日本の中にいながら日本の多様性というものを見つけていくより仕方がないんではないか。その日本の多様性というのは、ちょっと片寄った考え方かもしれませんが、今申し上げたようなイメージの日本とはちがった、もう一つの日本、つまりヤポネシアの発想の中で日本の多様性を見つけるということです。（島尾敏雄編著『ヤポネシア序説』創樹社、一九七七年、四九頁）

一九六八年前後から、橋川と島尾の対談が行われた一九七五年までの間に、日本は三つの大きな事件を経験していた。一つは六八年の全共闘学生運動であり、二つ目が七〇年年末の三島由紀夫の自殺である。そして三つ目が七二年の沖縄返還の実現であった。緊張感あふれる時代の転換点を意識しながら、橋川と島尾の対談は行われていたのだ。

島尾は明治維新以降、敗戦を経つつも一世紀にわたり続いてきた日本とは違う、「もう一つの日本」を発見したいと考えていた。西郷が所属していた薩摩が主導したこの国のかたち、すなわち日本の近代化路線を否定・相対化しようと思っていたのだ。明治新政府の成功の物語と歴史観は単線的にすぎる。それに反旗をひるがえし、日本内部に別の価値観を探りだす必要がある。従来の日本像に風穴をあけて通気をよくすることが島尾のめざす「亡命」であり、「多様性」の意味であった。

一九六八年の学生運動から三島の自害を経て、七二年の沖縄返還にいたるまで、思想家たちは国のかたちをめぐり激しい論争をくり返していた。橋川にとって、そのうち最も魅力的なものの一つが島尾の南島論、すなわち橋川もかかわったヤポネシア論だったのである。

「かってゆ騒動」と西郷

対談のなかで橋川は、島尾からある重要な事件について話を聞かされる。「かってゆ騒動」と呼ばれる、奄美の近代化を目ざした事件である。

江戸時代を通じて、内地薩摩の、南島への差別意識は激しいものがあった。前述の通り、琉球時代から続くサムライの家は地元ではユカリッチュと呼ばれ尊ばれていたが、薩摩藩は彼らを薩摩士族としては認めなかった。武士の象徴である月代《さかやき》も帯刀も許さない。砂糖をおく藩に納めている者ですら「郷士格」、すなわち郷士に準じる資格をあたえられるに過ぎなかった。薩摩藩内では、士族は城下士と郷士にはっきりと区分され、前者が後者を貶めていたのである。

明治に入ってからも続いた薩摩と奄美の支配従属関係に、最初に異を唱えたのが丸田南里《なんり》という人物であった。明治八年（一八七五）に一〇年に及ぶイギリス留学から帰国し、開明的な知識を身につけていた丸田は、故郷奄美の現状をみて憤慨する。砂糖売買の自由をもとめる運動を展開し、「沸騰組」と呼ばれる一団を鹿児島県に送り込んで直訴に及んだ。県側は即座に沸騰組のメンバーを逮捕し監獄に入れる措置をとった。

ところがその直後、西南戦争が勃発したのである。西郷軍に加勢すれば出獄させてもらえること、また奄美時代の西郷に恩恵を受けていると考えた沸騰組からは、薩軍として戦争に参加する者が続出した。

この「かってゆ騒動」について、島尾は次のように語っている。

こちらでは、よく〝世《ゆ》〟ということをいいます…それで、勝手世《かってゆ》と呼んだ。自由な世の中にしてほしい、ということだったんですね。この勝手世騒動が、奄美と西南戦争との絡み合いだったわけです。そして、当時の大島の指導者たちは、この時にたいてい死んでしまっています。そんなふうで、意志的にそうしたかどうかはあやしいのですが、結果的に奄美は、西郷側に加勢した格好にはなっているんです。(『西郷隆盛紀行』三九頁)

つまり奄美の人たちは、西郷を薩摩を代表する人物でも明治新政府を代表する人物でもなく、それらに反旗を翻す人物としてとらえていたのだ。奄美の人びとが実際、積極的に参戦したか否かは今日でも意見の分かれるところである(豊拓也「奄美社会と勝手世騒動」)。しかし、島尾は西郷とともに行動する「かってゆ」の人びとに、自由の息吹を感じていた。奄美の人びとにとって、西郷は明治維新以降、近代化を急ぐ内地から「自由」を奪還するための象徴になっていた事実を指摘しているのである。

先にも見たように、西郷は薩摩藩の南島政策、なかでも砂糖専売制を批判していた。飢饉対策として「社倉趣旨書」まで書き残して自藩へ対抗しようとしていた。藩への怒りは「当島の体誠に忍びざる次第に御座候」と書き記すほどだった。

そして西郷本人の心もまた大きなゆらぎに襲われていた。天皇への忠誠心だけを握りしめ、やり過ごすはずだった南島生活は、次第に西郷から中央政治への関心を奪っていった。幕末維新期に中心的役割をはたしている自藩と、中央で動いている政治情勢から、西郷は身を引きはがされ相対視するようになっていた。

だとすれば西郷は、島尾や橋川の求める「もう一つの日本」の側にいる可能性があるのではないか。この国の近代化のあり方に、つよい懐疑を抱いていたかもしれないのだ。日本史学者たちが見落としてきた西郷のあらたな可能性に気づいた橋川と島尾の対談は、さらに白熱してゆく。

3 ヤポネシアと革命

島尾敏雄の南島生活

何度も触れたように、島尾が橋川に語った発言の背景には、「ヤポネシア論」がある。徹底的に南島の独自性を主張し、本土の歴史の相対化を目ざすその論理は、谷川健一や奥野健男といった知識人に熱烈に歓迎された(16)。

ヤポネシアは「日本」という硬直した言葉に、ゆさぶりをかけてくる。日本とは「日の本」という意味であり、大陸国家が自らを中国と呼んだように、自国と他国を比較する緊張感に満ちている。つねに大陸文化を意識して、その影響を巧妙に取捨する視点からは、日本の日本らしさはあきらかにできないと島尾は考えていた。

奄美もまた同じである。つねに本土を意識している限り、劣等感と閉塞感ばかりに襲われる。

こうした硬直した世界観を、ヤポネシアという見方が相対化してくれるのだ。本土を琉球弧からつづく群島の一つと考えて地図を眺めてみると、大陸以外の東南アジア諸島に視界が開けていくのである。

島尾に言わせれば、明治維新以降の日本人の世界観は、中国の代わりに西洋諸国を代入しただけということになる。西洋と日本の緊張関係ばかりを注視してきたにすぎない。

そして西洋諸国との緊張関係を一身に担ってきたのは、薩摩をふくむ九州と西日本、すなわち「本土」にほかならない。よって維新以降の歴史観からは、奄美大島などの琉球弧が排除される。それが典型的に理解できるのが、ペリー来航の描き方である。私たちは普通、ある日突然、ペリーが浦賀に来航したと記述された歴史を読まされる。しかし実際は、浦賀に来航するずいぶん以前から、黒船は那覇に根拠地をつくっていて、そこから浦賀に現われたのであって、琉球弧の歴史が完全に排除されてしまっているのだ（以上「ヤポネシアの根っこ」・「ヤポネシアと琉球弧」）。

ところで、島尾が奄美に渡ったのは、昭和三〇年（一九五五）のことであった。奄美が昭和二八年一二月に本土復帰を果たした二年後のことであり、以降、島尾は二〇年にわたって住み着くことになる。

西郷の「奇妙な想念」

だが、必ずしも島の生活に馴染んで同化できたわけではない（鈴木直子「島尾敏雄のヤポネシア構想」）。むしろノロの祭祀に象徴されるように、奄美の魅力と難しさは、容易にはよそ者を寄せ付けない独特の雰囲気にあった。本土では南島を代表するように見えた島尾も、内面は部外者の意識を棄てることはできなかった。

つまり南島は、島尾自身にたいしては「自分とは何者なのか」という問いを突きつけ、明治維新以降の日本にたいしては「日本は国家として、何者であるのか」を激しく問い質してくる存在だったのである。それを島尾はヤポネシアと名づけた。日本人のアイデンティティを揺さぶり、再確認を迫ってくる存在こそ、ヤポネシアという概念に込められた特徴だったのである。

西郷は縄文文化が濃密に残る南島で、都合五年にわたる期間を過ごした。しかも年齢は、三〇代半ばの壮年期である。南島時代が西郷の政治観だけではなく、その根底にある人生観・死生観にまで、何か決定的な影響をあたえたと考える方が、むしろ自然であろう。島尾自身がヤポネシアによってアイデンティティを揺さぶられたように、西郷もまた薩摩藩士としての存在意義に直面したのではないか——橋川は島尾の話を聞いて、このように西郷に思いを馳せるのである。

西郷さんは、弧状を描いている日本列島のはずれの小島で、いつしかある奇妙な想念に、つきまとわれ始めてしまっていた。いわゆる内地というもの、本土というものを、沖縄や奄美の人たちは、普通、ヤマトというふうに呼んでいるのですが……。ヤマトの政治というのは、どうにも嫌だなあと。あれは違う政治なのではあるまいか。いま、徳川幕府と勤皇派とが大変な争いをやっている。しかし、あんなのはおかしい、違っているのではないか、という感じ……。(『西郷隆盛紀行』一一一頁)

佐幕か勤皇か、鎖国か開国かをめぐり、本土では二項対立に陥っている。いずれにつくかで政争が行われ、安政の大獄という粛清や要人暗殺まで起きている。

しかし西郷は、南島生活をつうじて、閉塞感に満ちた二項対立を超える契機を得たのではないか。

薩摩藩が島で行っている苛政を批判する以上、西郷は自分を完全に藩政に同一化させることはできない。と同時に、西郷が「けとう人」と呼んだ島民と完全に生活を一致させることもできない。社倉という貧民対策をしたとしても、島民になりきることはできない。つまりこのとき西郷は、本土の政治にも島民の生活にも、いずれにも所属することができなくなっていた。

自分の位置づけを持てない宙づりのような存在感こそが、五年にわたる生活体験によって西郷が得たものだった(17)。島尾と橋川は対談の中で、この西郷の孤立した立ち位置を発見し、「ある奇妙な想念」と指摘したものと思われる。

よって西郷は、将軍継嗣問題であれ、佐幕開国と尊皇攘夷の争いであれ、本土で行われている駆け引きを徐々に俯瞰できる視点を養い、最終的にある程度相対化して眺めることができるようになった。後に自身が最大の功労者となる明治新政府にたいしても、それとは異なる「もうひとつの日本」を考える思考の余地を残していた――橋川は、西郷論を構想するなかで、ヤポネシア論＝南島時代の西郷がもつ可能性を発見したのである。

吉本隆明の問いかけ

ところで橋川の他にもう一人、島尾のヤポネシア論に深い影響を受け、「もうひとつの日本」のあり方を考え抜いた思想家がいた。昭和四三年（一九六八）に『共同幻想論』を発表し、時代のオピニオン・リーダーに君臨していた吉本隆明（一九二四―二〇一二）である。

もともと吉本は、島尾を戦争文学の代表的存在として評価していたが、ヤポネシア論が発表されると、自身の思想に大きなヒントを提供するものと考え、「天皇と南島」をめぐる独自の理論を打ち立てた。そこには、思想家吉本隆明の誕生にかかわる背景があった。

吉本にとって、南島を考えることは、国家について考えることであった。とくに、わが国において天皇制とは何かを考える際、最良の方法を提供するのが南島論だと吉本は気づく。なぜなら、南島には本土の神道＝天皇崇拝とは異なる独自の信仰体系が息づいており、それと天皇制を比較することで日本という国家の特徴を浮き彫りにできると考えたからである。

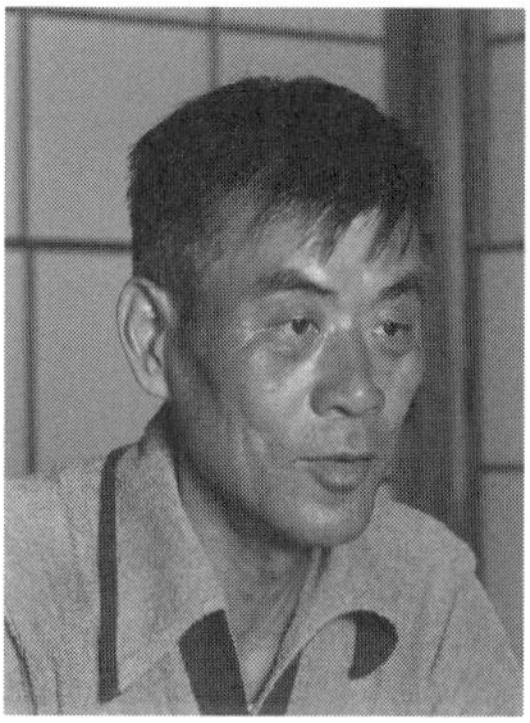

吉本隆明

そもそも吉本が、国家や天皇といった問題を意識するようになったのは、第二次大戦中の苦い人生経験からである。戦争中、死は必然のものだと思い詰めた吉本は、自分の知識を総動員して、死ぬための合理的な理由を探し求めていた。結論は、国家を天皇と読み替えたうえで、天皇のためなら死ぬことができるというものであった。

ところが、自分が考えたこの「死の論理」が、昭和二〇年八月一五日に突如、全否定されてしまった。世界の色彩は一日で変わってしまった。善悪の基準や死の意味づけを自分でおこなったとしても、それは迷妄であり何ら当てにならず、間違いかもしれないという事実に、吉本は打ちのめされたのである。

人間は動物とは異なり、道徳的な生き物である。信じていた恋人から裏切られただけでも、周囲の見え方は変わるものだ。善悪の価値観がひっくり返ると、精神に失調をきたし、死に至るばあいもある。自分が当然だと思っていた世界の遠近法が逆転するこの道徳的失調は、人の精神を蝕み、命を投げださせることもあるのだ。吉本が批評家になったのも、自身の内部をかけめぐる問題意識を言葉に一つひとつ置き直していかなければ、生きること自体が困難だと思ったからであった。

また吉本によれば、人間が間違えるのは、何かを一度は信じるからである。人間はつねに何事かを「信じている」。そして自分を納得させたり、自分が信じた価値観を他人に強制したり、また逆に強制されたりしている。日常生活ではあまり表面化することのない、信じるという人間の営みが露出したのが敗戦体験だったのだ。『共同幻想論』という主著のタイトル自体が、私たちが集団で何かの「幻想」を信じて、人を殺したり、罵倒したり、逆に信仰を共有している有様への注視を象徴している。

なぜ人は何かを信じて生きるのか。天皇や国家であれ、男女関係であれ、眼の前の光景がこれからも変わることなくあり続けると信じ切っているのか。この前提に亀裂、あるいは断絶をもたらす契機は、あり得るのか――後に吉本は「天皇制および日本宗教の諸問題」において、次のように語っている。

ただ、思想の問題には、いろんなことが含まれてしまうわけですが、じぶんの思想の問題の核心にあるのは〈信〉ということと〈不信〉ということです。…だから、思想というのを、〈信〉と〈不信〉というふうにかんがえることが宗教的なんだと云われると、天皇制の問題にもかかわってくるわけですが、ぼくは、戦争中から戦後にかけて、やっぱり〈信〉と〈不信〉がじぶんの課題であったような気がするんです。それは思想の課題であり、生き方の課題なんだということになるわけでしょう。（吉本隆明『〈信〉の構造3　天皇制・宗教論集成』春秋社、二〇〇四年、四三頁）

こうして、吉本の問いは島尾と橋川の南島論に接続する。なぜなら彼らの南島論は、明治維新によって誕生した「日本」という国家を、「信」じすぎないようにすることを目ざしていたからだ。ヤポネシア論が吉本を刺激したのも、当然と言えば当然のことだったのである。

どうすれば国家、その具体化である天皇制を信じ切らないで済むのか。たとえ自らの精神のよりどころを失うとしても、今ある世界がすべてではないと気づくことは可能なのか。この問いにかかわるかたちで、吉本の南島論は展開されていくのである。

吉本南島論の射程

具体的にその論理を追ってみよう。吉本によれば、天皇制の特徴とは大嘗祭《だいじょうさい》に注目することであきらかにできる。天皇は所定の方位に設けられた神田から稲と供物を食べ、さらに式殿に敷かれた寝具にくるまって横たわる。

稲に象徴されるように、これは農耕祭儀の模倣であり、農耕民の支配者であることを示唆する。また式殿に横たわる行為からは、性交をイメージさせる祭儀行為だと推察がつく。性的対象は穀物の霊、あるいは祖霊であると考えればよいだろう。天皇はこれらの行為によって、宗教的権威を世襲し身に帯びるというわけだ。大事なことは、天皇制それ自体は、最初から農耕にかかわってはいなかったということである。支配地域を拡大するなかで、その土地に土着していた農耕儀礼と信仰を自らのものとして併呑し手中に収めていくのだ。

もともと〈天皇（制）〉の勢力が、わが列島に古くから土着している農耕族とかかわりのないものだとすれば、大嘗祭の祭儀において、かれらは農耕祭儀を収奪したということができる。（「天皇および天皇制について」前掲書所収、九八頁）

支配者が土着の信仰を吸収し、まるで以前から自分たちの歴史のなかの儀礼であるかのように振る舞う。支配と被支配の縫い目がわからないような儀礼、それが大嘗祭なのである。

もう少し詳細に理解するためには、『古事記』など神話を含んだ世界を考える必要がある。神話時代の農耕は、母系的な原理を特徴としていた。それが定着農耕へと変化する時代に、灌漑設備の普及とともに生産力が増大し、父系的な支配に転化し、大嘗祭など天皇にまつわる儀礼制度も整備されていくのである。この母系から父系への転換の瞬間こそ、国家の誕生を意味するのであり、天皇が統一的に全国を支配するときでもあったのである。

こうして天皇制は宗教的権威の頂点にたち、国を支配するようになる。天皇制＝国家という等式が成り立つようになったのだ。

私たちは今日、この転換の瞬間を知らぬまま天皇制を自明視している。吉本は、せいぜいその歴史は千数百年しか遡ることができないことに気づき、注目をうながした。一方で土着の農耕民が巫女などの宗教的権威に依存し、母系的な共同体をつくっていたのは、はるか数千年の昔にまで遡ることができる。それを千数百年前に、天皇制が収奪したと考えるのだ。

わが列島の歴史時代は数千年をさかのぼることができるのに、〈天皇（制）〉の歴史は千数百年をさかのぼることはできない。この数千年の空白の時代を掘りおこすことのなかに〈天皇（制）〉の宗教的支配の歴史を相対化すべきカギはかくされているといっていい。（同前、一〇三頁）

わたしたちは〈日本人〉的という概念を、歴史的な〈天皇（制）〉以前にさかのぼって成立させることができる。それは、川端康成や三島由紀夫によってとらえられている美的な感性とは似ても似つかないものといえよう。そしてこの段階は南島をはじめわが列島の各地にちらばっている土俗的な宗教と文化にその実体をもとめることができる。（同前、一〇八頁）

ここには二点の重要な指摘がなされている。第一に、天皇制がもつ千数百年の歴史を相対化するきっかけが、南島＝ヤポネシア論にあるのだということ。第二に、現代の私たちが自明視している天皇制の特徴は、三島由紀夫の美的感性に端的に現れているという指摘である。

大嘗祭と聞得大君

次に吉本は「南島論」・「南島の継承祭儀について」などの論文で、南島それ自体の特徴をあきらかにしようと試みた。千数百年の天皇制を相対化するための具体的処方箋である南島が、どのような特徴をもっているのかを解明しようと試みたのである。

注目したのは、琉球・沖縄で行われている宗教祭儀の女司祭ノロと、大嘗祭との関係性である。南島地域で最高位にある巫女は、聞得大君《チフィジン》と呼ばれている。一方、各村落にも同じような宗教的権威をもった土着の巫女がいるが、それがノロと呼ばれる存在である。ノロは最高の権威である聞得大君の支配下にはいっており、この組織編制から逸脱した巫女は、ユタと呼ばれている。ユタは遍歴巡廻を特徴とし、村々をあるいて祈禱をし、お布施をもらうことで生計をたてていた。

問題は、聞得大君の継承儀式と天皇制の大嘗祭が、ほとんど同じ構造であるということである。宗教的権威をわがものとし、支配を確定していった有様には、沖縄と本土で違いは見られないのである。理由は簡単で、この継承儀式が完成したのは、中世に興った琉球王朝によってだからである。

つまり本土において、天皇制によって国土の統一がなされたのと同じことを、琉球王朝は奄美大島をふくむ南島全域において行ったということだ。奄美大島と徳之島・沖永良部島が琉球王朝と薩摩の支配をともに受け続けてきた背景には、このような歴史があるのである。

吉本にとって南島の魅力は、聞得大君の継承儀式以前の信仰形態について、次のような推測が可能な点にあった。寄満《ゆいんち》という名の地域周辺に注目してみると、そこには男根と女陰のかたちをした頂《いただき》があり、一種の山岳信仰・性神信仰が行われていた形跡があることがわかる。これはあきらかに聞得大君によって政治的統一がなされる以前の信仰形態、人びとの生き方が保存されていると思われる。

昭和初期のノロ

だとすれば、南島には本土よりもはるかに容易に、古い信仰の遺産を見つけることができる。南島の地域社会に注目すると、琉球王国の支配とそれ以前の人間関係の違いを暴きだすことができる。それは本土における天皇制を相対化する方法を見つけだすための示唆をあたえてくれることだろう。三島が強調する天皇イメージを覆すだけの力を、南島は秘めているのだ。だからこそ南島の存在は重要であり尊重されるべきなのだ。

単に南島を日本の辺境であるとか、古いものが壊されずに残っているところだとかいった懐古趣味的な舞台としてではなく、根柢的に日本国家の歴史性・現在性を掘りくずしてしまう視点から見直すことができます。その意味で、琉球・沖縄は最も根柢的な領域であり、宗教やイデオロギーの機構としてそれらの問題をたぐりだすことができる場所だとおもいます。

（「南島の継承祭儀について」前掲書所収、二〇一頁）

西郷と天皇をつなぐ思想

ここで、冒頭の三島由紀夫の西郷論を思いだしてみよう。

三島にとって、何より憎悪すべきは明治以来一〇〇年の近代化にあった。なぜなら明治新政府は、天皇を西洋的な立憲君主の概念に閉じこめてしまったからである。権力の中央集権化、社会の秩序化、さらには法治国家の中心に天皇をおくことは、天皇を矮小な権謀術数の世界に閉じこめてしまうことを意味した。さらに悪いことに、治安維持法が資本主義を国体だと謳ったことで、天皇は私的利潤追求を支える存在にまで堕落した。文化的概念が、天皇から排除されてしまったのである。

だからこの天皇像は破壊されねばならない。すなわちそれは明治以来一〇〇年の日本を否定し、革命を起こすことに他ならない。そこで三島が注目した革命理論が陽明学であり、西郷という存在なのであった。三島は桜田門外の変や神風連の乱、さらには西郷と西南戦争を経て、最終的には二・二六事件を賛美した。「文化概念としての天皇」をテコにして、政治と経済の汚辱にまみれた眼前の日本を救いだし、三島が考える本来の天皇が君臨する日本の姿に戻すことを希っていた。

ならば本章で論じた橋川文三と島尾敏雄、そして吉本隆明らが目ざしたのは、三島が取り戻そうとした「日本」を、さらに超えて相対化し、超克することであったと言えるだろう。

南島は西郷の心性に深い影響をあたえた。五年の流罪経験は、「皇国」への忠誠心に動揺をもたらし、本土の政治にのめり込むことも、島民になり切ることもできない西郷を生みだした。孤独こそが、西郷に明治新政府誕生の瞬間から違和感を抱かせ、「もう一つの日本」を夢想することを可能にしたのだ。そして「第二の維新」を引き起こすために、西南戦争は行われたのである。

さらに南島の可能性は、日本の近代化の是非を超えた射程の長いものになる。明治新政府がつくった立憲君主制、政治的概念としての天皇制を相対化するだけにとどまらない。ヤポネシア論を突きつめてゆけば、千数百年の伝統をもつ天皇制すらひっくり返すだけの力を発見できるのだ。

橋川・島尾・吉本という三人の思想家に共通するのは、本土の歴史の中心にいる天皇という存在から身を引きはがす手段として、南島に注目したことだ。彼らの主張は、天皇という言葉に注目する限り、三島と鮮やかな対照をなしていると言える。吉本が、三島と川端康成を名指しで批判しているのもこうした文脈によるものだった。

しかし筆者には、彼らの対立よりもむしろ共通性の方が気にかかる。

三島が天皇のあり方を政治と文化に慎重に区別し、文化を強調している点に注目してみよう。すると、三島も他の三者も、現在の天皇制のあり方自体に嫌悪と違和を感じていることがわかる。明治新政府がつくりあげ、戦後にもしぶとく引き継がれた天皇制に閉塞と限界を感じとる。それを乗り越える手段を模索する。天皇は近代とほぼ同義語と見なされ、反近代の処方箋をさぐるなかで、西郷と南島体験がせりだしてくるのである。

三島にとっての西郷とは、陽明学徒に他ならなかった。他の論者にとって西郷とは、むしろ「菊池源吾」と名を変えて歴史の表舞台から消えた時期に、反近代のあらたな可能性を発見する存在だった。天皇を奪還するのか、超克するのか――いずれの立場にたつにせよ、反近代の思いを西郷に仮託する姿勢において、共通する面があったということに注目しておきたい。

第五章　戦争——江藤淳『南洲残影』と二つの敗戦

江藤淳　昭和7年（1932）— 平成11年（1999）

1　江藤淳の『南洲残影』

「視察」か「刺殺」か

明治九年、年の瀬の鹿児島は異様な雰囲気に包まれていた。

熊本で一〇月末に勃発した神風連の乱は、福岡に飛び火し秋月の乱となり、翌日には山口で萩の乱を誘発するまでに広がった。西郷周辺の若者たちを刺激するには十分すぎる条件が整いつつあった。

征韓論に敗れ鹿児島に戻った翌明治七年（一八七四）、西郷は旧薩摩藩厩跡に私学校という独自の学校を設立していた。主に城下士と呼ばれる鹿児島士族のエリートたちが、日々洋学をふくめた文武を学んでいた。県内各地にも分校がつくられ、鹿児島県令・大山綱良《つなよし》も支援を惜しまなかったことから、勢力は拡大していった。大久保利通の中央政府から完全に独立した西郷王国が、薩摩にできあがりつつあったのである。彼らは、郷士と呼ばれる同じ鹿児島士族たちに差別意識を持っており、独自の西郷崇拝集団をつくっていた。

年末に入ると、西郷を囲繞する直接の部下からも、もはや挙兵は避けられないという意見が大勢をしめる。武装した私学校生徒は気炎を挙げ、政府のあらゆる措置が間違っていると憤激していた。

だが西郷は私学校の生徒にたいし、一貫して武力蜂起や蹶起を認めなかった。挙兵し、政府を瓦解させるに足るだけの大義名分が、いまだなかったからである。西郷に言わせれば、ロシア外交などの対外的危機への対処こそ、国難に殉じる絶好の機会であり、政府の外交問題での失政を問い質すことさえできれば、大義名分が成り立つはずであった。

ところが、年明けに事態が急転する。

大久保利通と川路利良《としよし》が私学校の動向をさぐるため派遣した密偵――俗に東京獅子《あずまじし》と呼ばれる――が、私学校党に捕縛されたのである。政府側密偵は、そのおおくが城下士に差別されてきた側、すなわち同郷鹿児島の郷士たちで構成されていた。初代警視総監として新政府内で出世していた川路利良自身も郷士出身だった。

事件は潜伏工作していた密偵の中心人物・中原尚雄が、旧友である谷口登太らに漏らした言葉からはじまった。中原は、谷口が戊辰戦争の部隊で同輩であったこと、維新後は警察に奉職しており、私学校にも所属していなかったことから谷口を信用していた。それを逆手にとって、谷口は私学校側の逆スパイとして中原に接近したのである。

酒の勢いもあって中原は、西郷さえ暗殺すれば私学校の結束が崩壊するはずだから、面会を装って刺し殺せばよいという考えが新政府側にあることなどを旧友に伝えた。激怒した私学校側に、中原らは捕縛され、口供書が作成されることになる。『西南記伝』にある中原の自供書を見てみよう。

一　自分儀、明治九年一月四日、少警部拝命、奉職罷在り、同年十一月末方、日は失念、大警視川路利良宅へ差越候処、同人より、各県の事情等、彼此と承り候末、鹿児島県に於て…万一挙動の機に立至らば、西郷に対面、刺違へるより外、仕様はないよとの、中間に随ひ居候折柄、是日は不取覚、同県士族大山勘助宅へ立ち越候処、咄《はなし》に、西郷若し事を挙げば、刺殺より外なきと承候…（『西南記伝　中巻二』黒龍会本部、一九〇九年、六二頁）

私学校跡

当時、鹿児島の状況が不穏な場合、「しさつ」せねばならないという発言が新政府内部にあった。それを聞いた私学校側が「視察」を「刺殺」と誤解したという可能性すら指摘されている。この供述自体が、はげしい拷問の結果、捏造されたものだったと後に中原は主張している。だが、西郷暗殺計画の真偽はともあれ、この一件が私学校党の不満の導火線に点火したことは確かだった。私学校側の新政府への疑心暗鬼が、挙兵の口実になる言葉を渇望させ、拷問の末、自分たちに思い通りの供述をさせたのかもしれない。

また次のような事件が火に油を注いだ。

廃藩置県以前に鹿児島藩主・島津斉彬が、西洋文明を吸収するために設立した軍備開発施設は、造船所は海軍省に、火器硝薬製造所は陸軍省に、それぞれ接収されていた。

相次ぐ士族反乱に動揺した政府、とりわけ木戸孝允は、鹿児島にある兵器弾薬を大阪に移動すべきであると主張していた。そして事前に県庁への届出を行うという慣例を破り、秘密裏に汽船赤龍丸をつかって搬出を行ったのである。拷問をした私学校側だけではなく、政府の側もまた疑心暗鬼から前のめりの行動に駆られていた。不安が不安を生み、刺激が刺激を煽り、悪循環に入っていく。

弾薬もちだしの噂が広がると、私学校党の怒りは天を衝くものとなった。『西南記伝』は鹿児島県令・大山綱良の言葉を引きながら、次のように結論している。

『三菱の蒸汽船、火薬を積込まずば、私学校党より火薬を奪ふことも無かるべしと想像せり』と弾薬移搬問題さへ無かりしせば、私学校党は、果して沈黙して動かざりしや否やは、疑問なるべしと雖ども、要するに、弾薬掠奪事件が、西南の風雲を盪起したる導火線と為りしことを思へば、政府の当局者が、私学校党に対する措置は、用意周到を欠くの太甚《はなはだ》しきものと謂はざるを得ざるなり。（同前、二一五・二一六頁）

尋問之筋有之

明治一〇年一月二九日、松永高美や堀新十郎など、私学校党の二十余名が酩酊した勢いにまかせて夜半に陸軍火薬局を襲撃し、小銃弾薬六万個を略奪する。翌日には、火薬局を破壊する若者は一〇〇〇人を超えていた。その後、政府が接収していた造船所も襲撃され、事態の収拾は不可能となった。

桐野利秋や別府晋介、篠原国幹《くにもと》ら西郷配下の重鎮は急遽参集し、挙兵を決断するまでに追い込まれていく。なかでも桐野は血気盛んな若者たちが今回、決定的な間違いを犯したことを痛恨の極みと嘆きつつ、もはや矢は弦を放れたこと、つまり蹶起するしか方法はないと力説した。衆議は終わった。

その頃、西郷は大隅半島の小根占《こねじめ》にいた。日々山深く分け入り猟に明け暮れ、隠棲していた西郷のもとへ、事態が風雲急を告げている事実が報告される。西郷は「我事已む《わがことや》」とだけ言って他に何も語らなかった。最早、対外的危機を待って挙兵することが叶わないと悟ったのだろう。では、今回の蹶起を成り立たせるための大義名分とは何なのか。

桐野利秋

二月一二日、鹿児島県令に提出された有名な上京通知書には、こう記されている。

十二日に至り、西郷は、公然、陸軍大将の資格を以て、桐野、篠原両少将と共に、正式の届書を大山県令に提出したり。即ち左の如し。

拙者共事、先般御暇の上、非役にして、帰県致し居候処、今般政府へ尋問之筋有之《これあり》、不日に当地発程候間、為御含、此段届出候。尤旧兵隊之者共、随行、多数出立致候間、人民動揺不致様、一層御保護及依頼候也。

明治十年二月十三日

陸軍大将　西郷隆盛印
同　少将　桐野利秋印
同　少将　篠原国幹印

県令　大山綱良殿

（同前、一一一・一一二頁）

「政府へ尋問之筋有之」という一文だけが、西郷足下に集結し挙兵した唯一の理由であった。西郷暗殺計画にたいする「尋問」という言葉だけが、薩軍の行動を正当化する唯一の根拠とされたのである。後におおくの研究者が口をそろえて西郷の蹶起理由の薄弱さを指摘し疑問を付すのも、ひとえにこの一文の曖昧さにかかっている。もし西郷暗殺計画について政府を「尋問」するなら、中原の供述書だけでは根拠が弱いだろうし、そもそも大挙武力にまで訴える必然性が見えてこない。

通説のように、西郷は封建的特権をはく奪され、怒りに震える士族に担がれ、身を任せたのだろうか。あるいは日本史学者・坂野潤治の言うように、勝算あっての蹶起だったのか(18)。そうではなく、福澤諭吉が喝破したように、情報革命に躍らされて妄動したとみるのが「正しい」解釈なのだろうか。

猪飼の西郷観

第三章でも触れた通り、西郷研究で著名な猪飼隆明は、西南戦争のもつ意味を「有司専制批判」と「天皇親政」に見いだしている。神風連の乱にはじまり自由民権運動にいたるまで、反政府運動は総じて有司専制批判、つまり政治的実権を少数の官僚が独占することを批判するために行われていた。

その有司専制批判のなかにも、いくつかのバリエーションが存在した。神風連の乱は天皇への絶対的忠誠を孕んだ最も右派的な蹶起であった。いっぽうで自由民権の最左翼、たとえば植木枝盛の場合、天皇という色彩は薄らぎ、むしろ共和制を目ざすためにこそ、有司専制は批判されねばならなかった。

こうした新政府批判の様々な可能性が葛藤するなかで、西郷の西南戦争はどのように位置づけられるのか。猪飼は次のように考える。

西郷は無名時代に、薩摩藩主・島津斉彬に見いだされることで政治の世界に飛びこんだ。斉彬にたいする忠誠心は絶対的であり、薩摩藩内部の封建的主従関係こそ、西郷思想の出発点であった。しかし、その斉彬が対外的危機を憂い、西洋文明の摂取に邁進していた途上、安政五年（一八五八）夏に急逝してしまった。慟哭した西郷は、斉彬への想いを国家にたいする忠誠、とくに天皇へのそれに代えることで生き延びようとした。

すなわち、国づくりの基点は天皇にあると確信し、「天皇親政」によって西洋列強に対峙する国づくりをすべきだと決意したのである。

西郷の天皇への忠誠心は、たとえば次のような板垣退助の国家像に重なるものであった。以下の引用文は、戊辰戦争に参加した板垣退助の話を、第三章で取り上げた頭山満が記したものである。

板垣は、その時にこんな話をした。私が、維新の時に会津で戦った時のことである。百姓の某なる者が、いよいよ会津落城も近いという危い秋《とき》になって、数百年の藩の恩に報ずるのはこの秋であるとて、一門の者を集めて城中に食糧を運び入れ、懸命の奉公につとめた…すべての国民が、百姓でも町人でもたれでも、会津の百姓某のような心がけにならねばならない。それには現状のような有司専制の弊を打ち破り、大いに民権を伸張し、立憲制を樹立せねばならない。これがわれわれの民権論の根底である、というような話をした。それは万民をすべて一視同仁、陛下の赤子《せきし》とすること、百姓もみな武士と同様にすること、しかして列強に対して独立を堅持すること、これは維新いらいの尊皇攘夷の精神に外ならぬものだった。

〈葦津珍彦『大アジア主義と頭山満〈増補版〉』日本教文社、一九七二年、二一〇・二一一頁〉

百姓に至るまでが一致団結して頑強に抵抗する会津のむこうに、板垣は来るべき理想の国家像を見ていた。日本が列強にたいして独立を守っていくためには、天皇を国家の中心にすえて、すべての国民が「陛下の赤子」として平等な立場となり、その中間に存在する不純物、すなわち有司は取り除かなければならない——板垣のなかで尊皇攘夷と民権論、有司専制批判と天皇親政が見事に一致していることが見て取れるだろう。

猪飼によれば、西郷を西南戦争へと駆り立てた思想も、板垣と同様の性質のものであった。そもそも征韓論争は、西郷自身が人柱になることで、天皇に人びとの心の中心点になってもらい、天皇親政を実現する意図があったという。西南戦争は、天皇親政をより徹底するために引き起こされた戦争であった。その敗北にもかかわらず、皮肉にも西郷の国家像は、後の明治憲法体制によって実現されたのだと猪飼は説く。西郷の挫折した思いは、最終的に第二次大戦時の天皇と赤子の関係によって実現されてしまったというわけだ。

板垣退助

事実、猪飼は次のように西郷を否定的に位置づけて著作をしめくくっている。「内村鑑三に『代表的日本人』と敬意をこめて評された西郷は、一九三〇年代、新たな死への道連れを誘う亡霊として、軍国主義者から祀られることとなったのであった」（猪飼隆明『西郷隆盛』岩波新書、一九九二年、二二九頁）——ここには、戦前の西郷イコール軍国主義という典型的な西郷批判が描かれている。と同時に、西南戦争の敗北と太平洋戦争のそれが、何か重要なつながりを持っていることが示唆されているのだ。

丸山眞男が評価した「近代化」への「反逆」

そして西南戦争と太平洋戦争の「二つの敗戦」に注目したもう一人が、日本政治思想史を専門とする丸山眞男（一九一四―一九九六）である。

荻生徂徠や本居宣長などの江戸思想研究だけにとどまらず、明治期の自由民権運動史、さらには『古事記』の政治思想にまで肉薄した丸山も、西郷については、懐疑的な立場をとっていた。たとえば土佐出身の自由民権運動家・林有造が民権の重要性を力説した際、西郷は運動に共鳴しつつも、今の明治新政府はとうてい言論で倒せるわけがない、武力こそ政府打倒の方法なのだ、といかにも武断派の将らしく語ったというエピソードがある。丸山はこうした西郷について、「一連の反革命の暴動」を行った人物という評価をあたえた。革命的な暴力ならば肯定する余地があるが、反革命の暴動は前時代への後退として、厳しく退けられたのである。

その丸山が、西郷を条件つきで評価できる出来事が西南戦争であった。福澤諭吉の『丁丑公論』をつうじて、西南戦争には評価すべき点があると気づいたからである。

丸山にとって、西南戦争はパラドクスに充ちたものであった。西郷と配下の士族は、薩摩武士の濃密な感情的共同性でつながっていたにもかかわらず、その「封建的忠誠」の総元締西郷本人が廃藩置県と徴兵制を断行し、前近代的なものを葬り去ったからである。前近代的な忠誠心と、明治国家を支える近代兵制が西郷のなかに混在している。

その矛盾と混乱は、西南戦争で具体的な惨劇として現れた。戦場では父子が官軍と賊軍に分かれて殺しあう。首級実検で曝される者と見る者には、かつての竹馬の友もいれば親戚すら存在した。つまり誰に忠誠を誓い、何に自分の生死を賭するのか、親族の間ですら価値観の分裂が生まれていたのである。

こうした光景を描写しながら、丸山はパラドクスを次のようにまとめている。とくに「近代化」と「反逆」にカギ括弧がついていることに注目して読んでみてほしい。

「西南戦争は維新以来、最大最終の内乱にしてまた実に日本近世史の最大の悲劇なり」と『西南記伝』（中巻二）はいっているが、忠誠の相剋という点でも、これほど規模が広汎でこれほどの緊張度に達した時代を近代日本はついに今日まで経験しなかったといってよい。のちに見るように、われわれの国の「近代化」は、「封建的忠誠」とその基盤を解体させることによって、同時にそこに含まれたかぎりの「反逆」のダイナミズムをも減衰させて行ったのである。（「忠誠と反逆」、『丸山眞男集　第八巻』岩波書店、一九九六年、一九六頁）

丸山眞男

西郷は封建的忠誠を体現し、西南戦争で敗死した。ところが、前近代的な忠誠心が葬り去られたことで、その後の近代化がスムーズに進行したかと言えばそうではない。なぜなら西郷の死と共に、近代化にあたって必要な「反逆」のダイナミズムも共に減衰してしまったからである。

西南戦争と天皇親政

丸山は福澤諭吉をとおして、前近代的な封建的忠誠心に、実はある「可能性」が秘められていることに気づいていた。それが「反逆」という言葉にカギ括弧をつけ、肯定した理由である。丸山にとって、眼の前の政治体制に疑問を抱く「抵抗の精神」――第一章の福澤諭吉が『丁丑公論』で指摘した概念――がそれであり、「反逆」の心を持つことが、理想の近代社会を生みだす契機となると考えたのだ。福澤に示唆をうけ、丸山は士族の気概の保存を望んだのであり、時代の流れに抵抗した西郷の蹶起に、一定の肯定的評価をしていたのである。

よって西南戦争後の「反逆」のダイナミズムを失った日本の「近代化」は、丸山の評価によれば、カギ括弧つきでしか書けないような、歪んだ「近代化」へと落ちこんでいったのである。

丸山が批判すべき最大の敵こそ、板垣が示した国家イメージ、すなわち天皇と赤子の関係による挙国一致体制だった。後に「超国家主義」という概念で分析されたこの国家イメージこそ、否定されるべき「近代化」なのである。日本の超国家主義にはドイツやイタリアのファシズムとは異なる、次のような特徴があるという。

まず第一には家族主義的傾向を挙げることが出来ます。――家族主義というものがとくに国家構成の原理として高唱されているということ。日本の国家構造の根本的特質が常に家族の延長体として、すなわち具体的には家長としての、国民の「総本家」としての皇室とその「赤子」によって構成された家族国家として表象されること…単にイデーとして抽象的観念としてではなく、現実に歴史的事実として日本国家が古代の血族社会の構成をそのまま保持しているというふうにとかれていること。これがとくに日本のファシズム運動のイデオロギーにおける大きな特質であります。(「日本ファシズムの思想と運動」、『丸山眞男集　第三巻』一九九五年、二七三頁、傍点原著)

西郷亡き後の明治二〇年代、資本主義化と工業化が速いテンポで進んでいく。その「近代化」のペースがあまりに急激であるがゆえに、さまざまな歪みをもたらす。それが丸山の言う「超国家主義」形成の下地をつくっていった。とくに農村の疲弊は顕著であった。東北地方の子女が身売りされ、大根を齧って飢えをしのぐ農村恐慌の写真を見たことがある読者も多いだろう。

こうした危機の時代をどう是正するのか。

丸山は、農本主義者たちの主張に注目する。彼らは、急激な都市化と工業化で崩壊する以前の、ありし日の農村共同体を理想として掲げた。農村は荒廃し、都会はとても殺伐として希薄な人間関係しかなくなってしまった。本来の「人間関係」と呼べるような、日本人同士の温かいぬくもりを失った状態が都市の特徴であり、危機の原因である。農村にかつてあった柔らかく包摂性をもった社会を再生したい。つまり疑似家族のような関係を再構築せねばならない――。

こうした農本主義的な考え方が、天皇と赤子、あるいは「家族主義的傾向」をもつことに丸山は気づく。明治初期の板垣退助、あるいは西南戦争がめざした「天皇親政」は、この「近代化」像、農本主義の魁《さきがけ》だったのではないか。だから西郷が西南戦争で敗れたにもかかわらず、彼らがめざした国家体制が、昭和二〇年の敗戦の日まで、この国を覆ってしまったのではなかろうか。丸山は西南戦争をこのように総括したのである。

猪飼も丸山も同じように西南戦争と太平洋戦争における「二つの敗戦」に注目していた。西南戦争こそが日本を太平洋戦争へと導いた一里塚であり、彼らが日本の近代全体を否定的に考えていたことがわかるだろう。

江藤にとっての「文学」

そして文藝評論家の江藤淳（一九三二―一九九九）も、西南戦争の謎めいた魅力に取りつかれた一人であった。

江藤淳は、明治以降の文学作品を論じることから出発した評論家である。二十代で『夏目漱石』・『奴隷の思想を排す』などの作品を世に問い衝撃をあたえ、昭和三五年の安保闘争時代には、石原慎太郎や大江健三郎らとともに、若手論客として時事評論も手がけた。そのなかで徐々に保守思想家としての立場を鮮明にしていく。

同時に歴史への関心を深め、勝海舟を高く評価した『海舟余波』や、海軍創設者・山本権兵衛を描いた『海は甦える』全五巻などを発表し、後にテレビドラマ化されるなど話題作・問題作をつぎつぎに生みだしていった。文学・時事評論・政治・歴史を縦横無尽に横断する筆力は、小林秀雄の後継者になると思わせる程の影響力を文壇にあたえていた。本人自身、小林の地位を占めるのは自分なのだという自負を抱いていたはずだ。

江藤の守備範囲は、歴史評論やアメリカの占領政策研究など多岐にわたったが、本人に言わせれば、ずっと一貫して一つの問題を追い求めていたということになる。

たとえば江藤は、批評家の吉本隆明との対談のなかで、吉本から、最近あなたが取り組んでいるアメリカの占領政策研究は、政治権力者の恣意に左右される「政治的」な問題にすぎない、情勢論だと指弾されたことがある。知識人はもっと長期的な事柄、原理的な問題を考えるべきだと吉本は言ったのだ。たいする江藤の回答には、自らが取り組んでいる仕事への自信と、それゆえの危機感が露わになっている。

若かりし頃の江藤淳

> 吉本さんは私の仕事についてつまらぬことにかまけていると言われますが、私のいまやっていることはなんら政策科学的な提言などではありませんよ。そんなものに熱中できるわけがない。私はこれが私にとっての文学だからやっているのです…ぼくは結局自分が言葉によって生きている人間であることを、日夜痛感しています。だからこそ、言葉を拘束しているものの正体を見定めたいの

です。(「現代文学の倫理」、『文学と非文学の倫理』中央公論新社、二〇一一年、二〇八・二〇九頁、傍点原著)

江藤にとって、アメリカとは何かを考えることこそが「文学」であった。なぜなら、占領下でアメリカが行った検閲政策は、日本人から言葉を奪うことだったからである。言葉の陰影と変化に敏感でないものは、とても文学作品など書けるわけがない。だから自分は日米関係に拘りつづけている——江藤はこのように答えたのである。明治の歴史をどう語り継ぐのかもまた、江藤にとっては重要な「文学」なのであった。

『南洲残影』(一九九八年)は、そのような文学的感受性を持った江藤が、西南戦争を描き独自の魅力を放った晩年の著作である。江藤にとって西南戦争を考えることは、言葉の世界をとおして、丸山と同様、日本の近代化の意味を考えることだった。

勝海舟への肯定的評価

歴史学や政治学の視点から西南戦争を見ていた猪飼や丸山とは異なり、江藤は文藝評論の観点から西南戦争の意義を問い質していった。すなわち、明治期の詩歌や軍歌といった文藝作品から西南戦争の意義を問い、日本の近代とは何だったのかを明らかにしようとしたのである。以下、執筆の経緯をまとめておこう。

江藤が『南洲残影』の執筆依頼を受けたのは、平成六年(一九九四)夏のことであった。雑誌

『文學界』の編集長から、意を決した思い詰めた表情で、西郷論を書くよう依頼されたのである。江藤にとってこれは意外な申し出であった。なぜならすでに勝海舟との比較で、西郷を論じたことがあったからである。

かつて、昭和四〇年代に『海舟余波―わが読史余滴』を世に問うたとき、江藤の海舟と西郷への評価は対照的なものだった。幕臣だった海舟は、幕府という秩序を自らの手で葬り去ることによって、日本という「国家」を保全した政治家である。たしかに海舟は西郷との江戸無血開城によって江戸幕府を瓦解させたが、一方で維新によるあらたな近代国家の建設をたぐり寄せ、海舟はそのいずれにも貢献した。歴史を断絶させることなく、日本を保守することに成功したのである。

江藤の政治家像

江藤に言わせれば、このように不断の崩壊と建設が、寄せては返す波のようにつづくのが歴史であり、人間はそのつかの間、歴史の波間に顔をだし死んでいく有限な存在である。とりわけ政治家は、無限につづく秩序の新陳代謝を支え、次世代に引き渡すと音もなく歴史の表舞台から去っていく、本来、無名であることを宿命づけられた存在なのである。おおくの人びとが平穏無事に生活できる「秩序」をつくることは、とても地味で目立たない作業である。しかし、当たり前の日常の維持に少しでも失敗すれば、非難を受けることが避けられない。成功している限り目立つことはなく、賞賛も肯定もされないのである。

政治家とか軍人とかいうものは、成功すべく運命づけられた人々、あるいは成功しなければならぬ人々だからである。もし彼らが失敗すれば、民衆は当然塗炭の苦しみをなめ、兵士たちは無益に死んでいかなければならない…したがって彼らは成功しなければならず、そのために最後まで全力を傾注して現実の保全につとめようとする。（「海舟余波」、『新編 江藤淳文学集成 3 勝海舟論集他』河出書房新社、一九八五年、一二三頁）

そして海舟こそ、江藤が考える政治家そのものであった。悲劇的あるいは英雄的な死で後世に名を遺そうとせず、人びとの注目も求めようとしない。国民の生活基盤を支え、自らの寿命とともに歴史の表舞台から静かに消えていった。

ところが西郷は、すべての点において海舟と対照的ではないか。西南戦争に敗れ、薩摩城山の地に露と消えた西郷ほど抒情的で悲劇的、つまり「失敗への情熱」に駆られた政治家はいなかった。ほとんどの文学者は、西郷が漂わせるこの失敗の美学に惹かれる。文学的主題にとても適しているからだ。海舟や大久保といった政治家に比して、圧倒的に人びとから共感され、また実際、夥しい数の文章が書かれてきたのも、西郷と西南戦争が醸しだす悲劇性の魅力にほかならない。

だからこそ当初、江藤は西郷を否定的に評価していた。政治という舞台に、抒情と失敗の美学を持ち込もうとする西郷を、江藤は拒絶したからである。ヒロイックに死ぬことは、政治に「終わり」を持ち込むことになってしまう。しかし実際の政治は波のようにうねりつづけ、終わりを知らない。個人的な死を歴史と政治の舞台で演じ、歴史に終焉をもたらすのは断じて許せなかった。文藝批評を手がける自分は、むしろ積極的に無名の政治家・勝海舟の人生を描かねばならない。文学者から人気のない海舟の方に、手を差し伸べねばならない。

『海舟余波』から『南洲残影』へ

ところが、その海舟本人が西郷を追慕してやまなかったという事実に江藤は驚く。西郷死してのち、海舟は浄光寺境内に留魂碑を建立し、また追慕の漢詩を認《したた》めた。そして何より薩摩琵琶歌『城山』を海舟がつくったということに、江藤は瞠目したのであった。『城山』の冒頭は哀調に充ちたものである。「それ達人は大観す。抜山蓋世の勇あるも、栄枯は夢か幻か、大隅山の狩坐《かりくら》に、真如《しんにょ》の月の影清く、無念無想を観ずらむ」。

勝海舟

平家琵琶にまでさかのぼる薩摩琵琶の音色を聴く機会にめぐまれた江藤は、なぜ海舟が琵琶歌をつくってまで西郷を偲んだのかに思いをはせながら、海舟と西郷の共通点に気づいたのである。

西郷とともに薩摩の士風が滅亡したとき、徳川の士風もまた滅び去っていた…これこそ全的滅亡というべきものではないか。ひとつの時代が、文化が、終焉を迎えるとき、保全できる現実などはないのだ…政治的人間の役割を離れて、一私人に戻ったとき、海舟の眼に映じたのはこのような光景であったに違いない。平家が亡び、源氏が亡びたあとに浮上したのが、北條執権の武家体制であったように、徳川が亡び、南洲と私学校党が亡びたあとには、近代日本というものが樹立されようとしているかに見える。海舟は、政治的人間として、いわばこの近代日本というあり得べき国家に賭けて来たといってもよい。だが、それはいつまでつづくか。それもまた、やがて滅亡するのではないか。（江藤淳『南洲残影』文春文庫、二〇〇一年、二五・二六頁）

ここから二点の重要な論点を導きだせる。第一に、西南戦争の敗北によって士風が滅亡し、何か決定的な断絶が起きていること。第二に、断絶ののち近代国家日本が誕生したかに見えるが、これもまた滅亡を予感させること。つまり海舟が保全に成功したかのように見えた近代国家もまた、昭和二〇年に瓦解したのである。こうした点をふまえ、江藤は、時代の断絶を哀惜し歌うことが文学を生みだすのだ、と主張するようになる。

たとえば平家の滅亡は、『平家物語』という叙事詩を生みだし、平家琵琶によって弾き語りされる。それは個人的鎮魂ではなく、ある時代全体が終焉するありさまを言葉によって遺し、唄う営みにほかならない。同じようにして薩摩琵琶による『城山』が生まれた。だとすれば、琵琶歌の主人公である西郷と、作者の勝海舟はこの国の文化の伝統を担っていたことになる。つまり、政治家である海舟は、かつての『平家物語』の系譜に連なる琵琶歌を遺し、幕末維新総体を鎮魂した文学者でもあったのだ。

そして言うまでもなく、「近代日本」もまた昭和二〇年夏の戦争に敗れ、滅亡を経験していた。では誰が、どのような文学をこの敗戦によって遺しただろうか。西郷と海舟に匹敵する、政治家にして文学者であるような人物が、はたして誰かいたであろうか。時代全体を描きだし、言葉で慰霊するような文学が存在しただろうか――。

こうして江藤は、自らが西南戦争を描くことは、日本文化の伝統に連なる行為だと確信する。『平家物語』から昭和二〇年の敗戦までの遥かなる時代の流れを架橋するために、西郷の敗死を描かなければならない。だがそれにしても、西郷はなぜ無謀とも思える戦争を決意したのか。はたして勝算はあったのか。それともむしろ、必敗を求めて挙兵したのであろうか。江藤の思索は、西南戦争の事跡を一つひとつ辿り、薩摩琵琶の調べとともにどこまでも深く沈潜していく。

2　天皇を超える国家

天皇を批判する西郷

なぜ西郷は蹶起したのか――後世の歴史家や研究者にもよくわからない、この最も素朴かつ基本的な問いにたいして、江藤は次のような解答をあたえた。

それを解くカギは、明治一〇年三月五日、西郷が熊本春日大社の本営から鹿児島県令・大山綱良に宛てた手紙のなかに隠されている。

熊本城攻防戦直前の二月一九日、熊本鎮台は征討令が発令されたという電報を受けとる。これは新政府が正式に薩軍を「征討」する決定をくだしたということであり、鎮台兵はこのときから官軍となった。このお達しを受けた以上、鹿児島県令の立場にある大山綱良もまた「御受書」を返送せねばならない。この機会を幸いに西郷は大山名義で別紙を認め、征討将軍宮様に宛てて、以下のように自らの思いを披瀝したのである。

今回、陸軍大将である私は、部下のものを率い政府へ尋問すべきことがあるため、鹿児島を出発した。すると熊本県では事前に熊本城の一部を焼き払い、さらには川尻まで鎮台兵を派遣し、夜襲をかけるなど横暴を仕掛け、戦端をひらくありさまになった。しかも政府は私の暗殺計画をたて、露見して失敗に終わり人びとが激怒すると、今度はその激怒を理由に征討の決定をくだした。これではまるで、最初から征討を目的に暗殺を企画し、人びとを挑発してわざと激怒させたようなものではないか。陥れたのと同じであって、政府は二重の罪を犯しているではないか。

これにつづく西郷の言葉は、きわめて激しいものである。

恐れながら　天子征討を私《わたくし》するものに陥り、千歳の遺憾此の事と存じ奉り候。殊に万国に対せられ何等の名義相立ち申すべきや…此の時に当り閣下　天子の御親戚に在らせられながら、御失徳に立ち至らざる様、御心力を尽さるべき処、却って征討将軍として御発駕《はつが》相成候儀、何共意外千万の仕合いに御座候。(『西郷隆盛全集　第三巻』五三二頁)

いわく、天皇は今、西郷に武器をむけ征討しようとしている。派遣された有栖川宮熾仁《ありすがわのみやたるひと》親王は、軍隊組織からすれば陸軍大将西郷の後輩にあたる者にすぎない。だから本来ならば、間違った判断をされようとしている天皇陛下を熾仁親王は戒めるべきである。にもかかわらず、なぜ熾仁親王は、逆に私に銃口を突きつけているのだ、意外千万なことではないか――。

谷干城ら熊本鎮台の将校たち

西郷は驚くほど過激なことを書いている。天皇にたいして「征討を私」すると迫ったとき、西郷は天皇さえも批判したのだ。前章で見たように、南島時代の西郷にも「皇国」への思いの揺らぎを読み取ることができたが、ここではもはやその次元を突き抜けて、はっきりと天皇を否定する発言を行っている。まさに丸山眞男の言う「反逆」のダイナミズムが滾《たぎ》っていると言えるだろう。

天皇を超える「国家」

だがそれにしても、天皇を超えてなお、西郷が守ろうとしたものとは何か。天皇を「私」と糾弾するとき、それを超える存在とは何だったのだろうか。

江藤によれば、それは「報国」、すなわち諸外国と対峙している日本国家である。西郷は「国を亡ぼそうとする『天子』と皇族と政府の『姦謀』を、粉砕するためにこそ鹿児島を出立した」のであった。

それでは何故に、「天子」と皇族と政府の輩とが、相集うて国を亡ぼそうとしているといえるのか。彼等こそは兵力と小銃大砲と弾薬と、軍資と糧食と運輸機関と、軍艦と通信電線との力によって、この国を西洋に変えようとしている者たちである……自らの手でこの日本の津々浦々に黒船を導き入れ、国土を売り渡そうとしているではないか。西郷はそれが赦せない、しかるが故に立ったのだと。(『南洲残影』五八頁)

江藤から見れば、西南戦争とは、天皇をふくめた新政府関係者が、率先して西洋文明で日本全国を覆いつくすために西洋の火器で武装し、同じ日本人である西郷軍を殲滅しようと仕掛けてきた戦争なのである。ならば、これはほとんど日本人自身による自己否定ではないか。

また、ここで江藤が「通信電線」に言及している点は、第一章でふれた福澤諭吉の時代診察とも重なるものだ。江藤に言わせれば西郷が敗北しようとしていたのは、実は山県有朋率いる官軍ではない。その背後にある西洋文明、さらに言えば世界史的規模で拡張してゆく情報革命と近代化の侵食に、国家存続の危機を西郷は感じ取っていたのだ。

黒船に象徴される諸外国が、今、日本に外側から襲いかかっている。自らの価値観こそが普遍的な文明であり正義であると主張し、それを受け入れよと迫っている。それを拒絶することはほんとうに「悪」なのか。少なくも、こうした問いを発する権利を自ら放棄する必要など、あるはずがない。

本来、日本人はそのうちの何を受け入れ、何を保守するのかを考えるべきである。日本という国家が、何が自分らしさを保証し、譲れないものなのかを考え主張すべきである。にもかかわらず、あろうことか、天皇と政府が率先して自国の存在意味をはく奪しようとしている。

二つの敗戦

西南戦争はこの時代の流れにたいする「抵抗の精神」なのであって、西洋諸国対日本の戦いを、官軍対薩軍で演じていることを意味していた。国内が二分され、世界の縮図としての戦いが行われたのだ。ならば西南戦争では、薩軍の方に思い入れをするのが当然ではないか。日本が失いかけているもの、あるいは失ってはならないもののために薩軍は戦っているのだから――。

官軍と薩軍の関係が、西洋諸国と日本の関係の縮図であると確信した江藤は、驚くべき結論を描きだす。


その西郷の心眼が、昭和二十年八月末に、相模湾を埋め尽した米国太平洋艦隊の姿を遠く透視していたことについても、私はほとんどこれを疑わない。（同前、五八頁）

先に猪飼隆明と丸山眞男が、西南戦争と昭和二〇年の敗戦に注目している事実を指摘した。ここで江藤は、彼らとはちがう形で「二つの敗戦」への思いを語っている。二人が西南戦争を、天皇親政とそのなれの果ての超国家主義の起源だと見ていたとすれば、江藤は逆に、天皇を超えた国家の存亡を賭けて戦われた戦争だと見ていたのだ。

西南戦争において、官軍は輸入した火器の威力に頼り、薩軍とその士魂を滅亡させた。その後、官軍は帝国陸海軍として近代国家日本を背負っていくことになる。しかしその外側には、さらに巨大な火器をもった普遍的存在、つまりはアメリカ太平洋艦隊がいて、最終的には官軍もまた滅ぼされる。普遍的価値に便乗した者は、さらに巨大な普遍的価値によって必ず併呑され、亡き者にされるだろう——江藤によれば、西郷は後に来る「全的滅亡」の恐るべき事実を予見していた。そして自らの死をもって、日本の近代化が辿りつく宿命を教えようとしたのである。

3　文学から見た西南戦争

明治二〇年の『孝女白菊の歌』

ところで明治一〇年三月はじめ、西郷ら薩軍が熊本城周辺へと進軍した後、新政府は元老院議官の柳原前光《さきみつ》を勅使に任命し、鹿児島にいる島津久光のもとへ派遣した。随行した陸軍中将・黒田清隆らを乗せた七艘の軍艦が三月八日に続々と入港すると、鹿児島はパニックに陥った。柳原は一〇日に久光に面会し、勅書をわたした。

県令大山綱良は、急使を飛ばして陣中の西郷に事態を報告する。三月一二日、西郷の返信は、勝利への自信と死の予感がともに漂う、不思議な文面であった。文頭の「下拙」とは、西郷自身のことをさしている。

…下拙事柄分り兼ね候得共、敵方策も尽き果て候て調和の論に落ち候か、…地の形と云《い》い人気と云い其の所を得候に付き、我が兵を一向此処に力を尽し候処、既に戦いも峠を切り通し六七分の所に討ち付け申し候。…全く暗殺は打消し候趣合戦を幸いと申し候旨に相見え、悪《にく》むべきの巧に御座候。然る上は何分曲直分明ならざれば鎮撫もへちまもこれなく、断然条理に相戻らず候処御尽力成し下さるべく候。最初より我等においては勝負を以て論じ候訳にてはこれなく、元々《もともと》一つ条理に斃《たお》れ候見込の事に付き、能々《よくよく》其の辺は御汲み取り下さるべく候様、偏えに企望致し候也。(『西郷隆盛全集　第三巻』五三五・五三六頁)

わが薩軍は官軍をかなり追い詰めてきたので、相手は和平工作にでもきたのであろうか。戦況も峠を越え、熊本城落城の日も大分見えてきている。暗殺を口実に鹿児島市内をかく乱し、戦争を誘発してきた以上、彼らにはそもそも条理がない。だが我々はちがう。我々は「一つ条理」のために戦っているのであって、勝敗すら考慮せず、死の道に向かっても何ら問題はないのだ――。

ここには勝利への自信と死の匂いの双方が漂っている。しかし手紙の前半部分とは異なり、実際の熊本城攻略は膠着状態に陥っていた。すでに田原坂では、西南戦争の分水嶺となる死闘も始まっていたのである。

『南洲残影』を執筆中の江藤が、この薩軍敗北へと向かう場面の描写に差し掛かったとき、突如、ある詩文が脳裏をよぎった。『孝女白菊の歌』である。西南戦争時の熊本阿蘇を舞台に、群生する白菊から生まれた少女を唄った詩歌のなかに、戦争が人びとにあたえた影響を、江藤ははっきりと読み取った。

漢詩文の流行が持つ意味

以下では『南洲残影』にある詩文評価とともに、その他の江藤の明治文学論も参照し、日本にとって「近代化」とは何をもたらし、何を意味しているのかをあきらかにしてみよう。

『孝女白菊の歌』は、戦争終結後の明治二〇年代に広く愛唱された詩歌である。もともと、井上哲次郎が明治一七年(一八八四)に書いた漢詩『孝女白菊詩』に触発されて落合直文が作った新体詩形式の詩で、まだ西南戦争の記憶が人びとの間に生々しく残っていた時期の作品である。

一人の山僧が、この世の者とは思えない美貌をそなえた少女白菊に魅了され、どこの誰なのかと問い質す。すると熊本阿蘇山中の周囲には風がどっと湧き、軒先の梢は鳴り響き、不安をかきたてるような雰囲気が立ち込める――。

少女はいよ〳〵、たへかたく。
落る涙を、うちはらひ。
妾《ワラハ》はもとは、熊本の。
ある武士の、女《ムスメ》なり。」
はしめは家も、とみさかえ。
こゝろゆたかに、ありけれは。
月と花とに、身をよせて。
たのしく世をば、おくりにき。」
ひと年いくさ、はしまりて。」
青き千草も、血にまみれ。
ふきくる風も、なまくさく。
砲のひゞきの、たえまなし。」
親は子をよひ、子は親に。
わかれ〳〵て、四方八方に。
はしりにけゆく、そのさまは。
あはれといふも、あまりあり。」

戦争が起こると、親子は離散を余儀なくされる。自分は母とともに今、阿蘇の山奥に逃げ込んできたが、父は賊軍に参じ転戦していると言いながら、白菊は落涙しつづけている――。

またかつて、父親との確執から放蕩に走り、姿を消していた兄も故郷に戻ると、次のような熊本の凄惨な光景を見る。

ふるさとさしてかへりしに。
いくさのありしあとなれは。
そのさひしさそたゝならぬ。」
みわたすかぎりは野となりて。
むかしのかけもあらしふく。
尾花の袖もうちやつれ。
露の玉のみちりみたる。」

西南戦争を、薩軍側で戦った家族の悲劇を描いた大和詞《やまとことば》の詩が、なぜ明治二〇年代に流行したのか。

文学史を見てみると、明治二〇年代はとても奇妙な時代である。日本の歴史全体を見渡しても、この時期は漢詩全盛時代と言ってよいほど漢詩がつくられた。ところが、漢詩という前時代の文化が最後の輝きを放っているときに、大和詞の新体詩で書かれたこの柔らかな詩歌もまた日常に溢れだし、人びとに広く愛唱されたのである。

それは西南戦争の敗北を唄う、とても物悲しい作品であった。なぜ新しいジャンルの新体詩が、あかるさよりも「滅亡」の詩賦を奏でるのか。なぜおおくの人が、政治的には立憲体制を樹立し、日清戦争の戦勝すら経験するこの時期、西郷隆盛の軍勢が滅びていく哀しい言葉に引き寄せられたのだろうか。

この疑問にたいし、江藤は意外な答えを用意する。

すなわち、漢詩の爛熟と終焉にこそ、日本の「近代」の真実が秘められているというのである。江藤は、明治維新前後の日本人の言葉に注目し、その変化に聞き耳をたてることで、日本の近代化の意味を、あきらかにできると考えていたのだ。

アメリカとは何か

江藤の見るところ、嘉永六年(一八五三)六月三日のペリー来航は、ヨーロッパ社会が中世末期以降、次々に経験した危機と、同じものを日本にもたらした。

たとえば一八世紀の産業革命時代に、ヨーロッパ社会は日本に先んじて二つの「危機」を体験している。

まずヨーロッパ内部に生まれた機械文明によって自己を侵食され、中世的秩序が崩壊する体験を余儀なくされた。同時に今度は外部から、イスラム文化とアメリカ大陸という異質の他者との遭遇を余儀なくされた。

内外の危機は、ヨーロッパ社会に自分とは何者であり、何を文化として握りしめていなければ、自身の存在が瓦解するのかという問いを突きつけた。結果、ヨーロッパの各国は、過去の調和ある時代を夢想し、そこにこそ自分たちの本来の姿があると主張するロマン主義文学運動を産み落としたのだった。自らの過去を振り返りつづけるという点で、ヨーロッパ社会の近代化とは、連続的な「時間性」への興味を特徴とする。

ところがヨーロッパ社会の競争相手として立ち現れたアメリカは、まったく異質の国家であった。

過去との断絶によって誕生したアメリカは、自分を説明するために「時間性」を必要としない。アメリカの特徴とは、何よりも外にむかって拡張していく「空間性」である。彼等の眼の前には無限のフロンティアが広がっているのであって、先住民《インディアン》などはそもそも、自分たちと同じ人間とはみなさない。つまり周囲に異文化・異国・他者が存在しないのだ。

ロックフェラー財団の研究員としてプリンストン大学への二年間の留学経験を持つ江藤は、アメリカの特徴を次のように書いている。

つまり、アメリカの自己拡張は、絶えざる他人の排除、あるいは抹殺によって遂行されたのである。それは、いわば新世界の隅々に自己の投影が及ぶほどの巨人になりたいという欲望の発現である。これを、絶対に他人に出逢うまいという意志の発露だといっても同じことである。(『新編 江藤淳文学集成 4 文学論集』河出書房新社、一九八五年、二九二頁)

中世ヨーロッパを刺激したアメリカの自己拡張と開拓者精神は、ついに太平洋をわたり、嘉永六年のペリー来航として日本の前にも出現する。他者との遭遇を、ヨーロッパに遅れて日本もまた経験することとなった。ヨーロッパにとってはアメリカが他者であった。しかし日本にとっての他者、すなわち「西洋文明」とは、アメリカをふくむ欧米総体にほかならない。

もしペリーに少しでも文学的感性があれば、こう日本を評したにちがいない。「この国は、アメリカとちょうど表裏一体の関係にある。なぜならアメリカが自己拡張に憑かれることで、他人を排除し、対等な人間関係を結ぶ術を知らない国だとすれば、日本は逆に自己収縮することで、他人との関係を拒絶している」と。

マシュー・ペリー

「近代」と日本語の危機

眼の前の相手を無視して饒舌におしゃべりをつづけるアメリカも、一切言葉を発せずだんまりを決め込む日本も、ともに自閉的である。他者との関係を築けない点は共通しているからだ。二世紀半にわたり殻を閉ざしてきた極東の小国を、ペリーは荒々しくノックする。日本はこのとき初めて、他者との本格的遭遇、つまりは「近代」に直面せねばならなくなったのである。

いうまでもなく、このとき日本人は確実に「他人」に出逢ったのである。つまり、このとき日本人は、自己の投影としては解釈することのできない「他人」というものが、自分のなかにおし入って来る感覚を味った。「他人」とは自分と異なった世界像の下に生き、異なった論理と行動様式を持った存在である。そのことを日本人は痛いほど明確に思い知らされた。

（同前、二九五・二九六頁）

以後、数えきれない程の「他者」が日本を襲うが、それは鉄道や電信、ステッキや洋服といったものだけではない。江藤にとっては、とりわけ言葉の問題が重要であった。たとえば明治初期、アメリカによって開かれた傷口から、西洋「文学」という概念が輸入された。西洋の自己絶対化は、言葉の世界にもまた濁流のように押し寄せたのである。

拡張に取り憑かれた西洋文明は、自らの価値観こそ世界を色づけし理解する「ものさし」だと日本に迫ってきた。それでは江戸文藝も漢詩も「文学」作品ではなくなってしまう。なぜなら西洋の学者が定義する「文学」の基準に当てはまらないからだ――。

これは日本語の危機である。

そして言語の危機は日本人にとって、全面的な混乱とこれまでの文化的自己否定をともなう。世界の色づけがまったく変わってしまうし、遠近法が逆転すれば、一瞬、眩暈を起こすのが当然だからだ。また新たな価値観を移植する際の拒絶反応もあるはずだ。

以前の言語体系を完全に否定し、次のあたらしい「文学」に移行するときには、必ず崩壊と断絶がある。歴史家はいつも、時代の変化をあたらしい出来事の登場として肯定的に描く。しかし言葉にこだわる江藤は、そういう立場をとることができない。逆に何かが終わること、滅亡する地点に目を凝らしたいと思ったのだ。

江戸時代の秩序を支えた世界観、朱子学的世界像が危機にさらされたとき、滅亡していく文化は一瞬身を縮めて、最後の輝きを放つ。それが明治二〇年代に漢詩が隆盛した理由だと江藤は気づいた。流れ星がその生涯を終えるときに一瞬かがやくように、漢詩が流行したのだ。

この悲しみと苦悩を、薩軍の敗北で唄ったのが『孝女白菊の歌』だったのだ。西南戦争で言えば、官軍が西洋文明の主張する「文学」の側にあたり、敗れゆく薩軍が、江戸以来の漢詩と文藝にあたる。言葉から「近代」に迫る江藤にとって、西南戦争とは、旧来の価値の崩壊にあえぎ、西洋諸国との緊張にふるえる、この国の姿を象徴する事件であった。

そして以上の緊張を描くこと、すなわち西洋との駆け引きに右往左往し、泣き笑いする日本人を描写することこそが、「近代日本文学」なのではないか。いや、むしろそこにしか、日本の「近代」文学の可能性はないというべきである——江藤にとって西南戦争を描くことは、そのまま日本に「近代」文学を誕生させることだったのである。

坪内逍遥と二葉亭四迷の挫折

江藤は、西南戦争を「文学」として描きながら、明治文学史を見渡してみた。すると坪内逍遥・二葉亭四迷・正岡子規そして夏目漱石といった、教科書でもお馴染みの人物たちを、次のように位置づけることができると思われた。

たとえばまず坪内逍遥（一八五九―一九三五）が『小説神髄』（明治一八年）で、あたらしい文学の必要性を主張したとき、彼は人情を赤裸々に描写する「リアリズム文学」の重要性を主唱したのだった。これは近代日本文学の誕生を告げる、画期的なものになるはずだった。

ところが実際の坪内の作品は、自らの主張とは似ても似つかないものであった。文体が滝沢馬琴や式亭三馬といった江戸時代の伝統にどっぷり浸っていて、全然斬新ではなかったのである。

しかも坪内逍遥と、それに刺激を受けて『小説総論』を書いた二葉亭四迷（一八六四―一九〇九）という二人の小説家は、最終的には筆を折っている。書くことをやめた、というより小説を書くことができなくなったのである。

これは何を意味するのか。江藤のだした解答は、西南戦争を「文学」だと見なす自身の定義からすれば、彼らは文学者ではない、というものであった。


…彼らにはものがはっきり見えなかったのであり、しかもそれでいながらものの存在は感じられたのである。おそらく彼らは、そのことに怯えていた。なぜならこのものは、名づけようのない新しい現実、とでも呼ぶほかないものであったから。（『リアリズムの源流』河出書房新社、一九八九年、一〇頁、傍点原著）

まず彼らの前には、維新いらい激変に激変を重ねる日本社会があった。根本的な社会観・世界

坪内逍遥

二葉亭四迷

観のゆらぎと瓦解、幕末から維新にかけての変化は、彼らの血肉となっている伝統的な言葉では、もはや「名づけようのない新しい現実」なのである。

使いなれた杖が眼と同じになるように、本来、言葉は私たちの身体の一部と化している。馴染んだ道具は、体そのものなのだと言ってもよい。だとすれば、道具が届かない世界が現れれば、「彼らにはものがはっきり見えなかった」ことになる。眼の前にたしかに世界は広がっていて、何かが流れ動いていることは感じ取れるのだが、それを位置づける術を何ももっていないのだ。

彼らは『小説神髄』と『小説総論』を書くことで、前時代が瓦解し真っ白な世界が広がっていることだけはわかった。西洋文明に右往左往し、悲喜劇を演じている日本人は、たしかに眼の前にいた。しかし変化をつかみ直す言葉、日本人を描きだす言葉、「近代文学」を生みだすための言葉を発見できなかった。

「『時勢』はそういう文体を求めていた。にもかかわらず、実際には人々の周囲には形骸化し、あらわれつつあ

正岡子規

る名づけ得ない新しいものを蔽いつくすような『文語体の余脈』しかなかった」（同前、一五頁、傍点原著）

文語体とは古い秩序に属する使い物にならない杖である。それではあたらしい時代をつかめない。つまりあらゆる意味づけを拒絶する世界、真っ白な「もの」の世界が現れてきたのだ。坪内逍遥と二葉亭四迷は、空白の意味づけに失敗したからこそ小説を書けなかった。日本の「近代文学」を生みだせずに終わったのである。

リアリズム文学の限界

江藤は恐ろしいものを発見したことに驚いた。文学という小さな世界の出来事が、日本人の精神を問うところにまで到達していて、「近代」とは何かを教えてきたのだ。

さらに江藤は正岡子規（一八六七―一九〇二）に注目する。子規が登場したのは、明治二〇年代後半のことである。江戸文化の崩壊が決定的に進み、明治新政府によって、政治制度も完成をむかえた時期である。子規は、過去の言葉である文語文を完全に手放した世代の代表であった。子規は過去の世界観を、逍遥や四迷以上に失ったのである。

その子規の手に残された言葉は、ほとんど記号と同じ「もの」であった。私たちが安定した言葉を持っている状態では、「うれい」という言葉ひとつとっても、「愁」「憂」「患」などさまざまなイメージを手に入れている。言葉は陰影の重なりとともにあり、言葉の選び方ひとつで、人間の心のなかを秋風はよぎり、木々のざわめきに涙でにじんだ空をあおいだりする。言葉が真綿のように弾力があって、過去からの養分を吸いこみ、豊饒なものだからである。人びとの積み重なった「うれい」の記憶が、複数の漢字によって継承されてきた。その記憶が子規には完全に欠落している、と江藤は言う。

子規の握っている言葉からは、決定的に時間の堆積が奪われているのだ。言葉をつかってきた日本人の記憶が消し去られている。江藤の言う、言葉が「もの」になるとは、そういう意味である。時がめぐることで織りなされた複雑な生地、絡みついていた人間関係の織物が失われ、「もの」が露出する。坪内逍遥と二葉亭四迷が困惑したのは、まだ彼らの体に文語文という過去の血が流れていたからである。

しかし子規になると困惑すら感じなくなり始めていた。過去と断絶し、他人との奥深い人間関係、言葉のやり取りを失ったとき、文学は最終的に「自分」だけしか書くことがなくなる。[19]

ここに、リアリズムや私小説が生まれた根本原因があった。

こうした自己のみを描く作品を、江藤は「近代文学」とは認めなかった。過去と断絶し、しかも西洋文明という他者との緊張関係を喪失した言葉を、評価しなかったのである。

夏目漱石に見る「近代」

ではこの国で、西洋文明が主張する文学とも、正岡子規のリアリズム文学ともちがう作品は存在するのか。西南戦争を描くことに匹敵する日本の「近代文学」とは何か。

それが夏目漱石（一八六七―一九一六）に他ならない。

江藤の見るところ、漱石こそ文豪と呼ばれるにふさわしい、この国の「近代」文学の創始者であった。

ロンドン留学時代、漱石は深刻な危機に襲われていた。漱石が留学までして英文学を学ぼうと思ったのは、国家という公的なものに文学がつながっている、世界最先端の英文学を学べば国家の一翼を担えるという自負があったからである。それまで漱石は漢詩をこよなく愛し、過去に根を張る朱子学的世界観に参加していた。今度は英文学を日本のために学ぶだけで、これまで通り国家につながりつづけることができると思っていた。

ところが「黒船」の衝撃は、それほど生易しいものではなかった。完全に日本の伝統との断絶を強要し、自らの正義観と価値観の受け入れを求めてきた。西洋文学は、漱石と国家の持つ伝統との関係を切ってしまった。漱石は何のために、自分が英文学を勉強しているのかがわからなくなったのである。

自分の存在意義を支えてくれていた公的な価値観が壊れた結果、漱石は英文学を握りしめたまま、ロンドンの街に独りぼっちで放りだされてしまった。留学中に深刻な神経衰弱に悩まされたことは有名である。漱石発狂せり、といううわさすら日本国内ではささやかれていた。

では漱石の神経を蝕んだものとは何だったのだろうか。過去と断絶し、公的な役割をはく奪された日本人の心は、どのような荒涼とした風景になっていたのか。江藤の理解は、次のようなものである。

彼は今や何者でもなかった。絆が断たれれば彼を価値の源泉に結びつけ、その存在を意味づけるものは何もなくなる。彼はしたがって彼自身でしかなかった。こういう状態の深刻さはおそらく想像を絶している。このような無限定な状態の中にいるかぎり、人は周囲をぎっしりと埋めている「他人」たちの規定する自己のイメイジを、際限なくうけいれなければならなくなりかねないからである。（『新編 江藤淳文学集成 4 文学論集』三二一頁）

過去にも属せず、かといって西洋人にも成りきれない漱石は「今や何者でもなかった」。こうした状態に陥った人間は、常に他人の眼を意識し、翻弄され、夥しい数の意見や価値観に際限なくあわせて疲弊する。他人とともに生きることは漱石に重い疲労感をあたえ、だから漱石は下宿屋に引き籠らざるをえなくなったのだ――。

夏目漱石

このように論じる江藤は、アメリカに左右される国家・日本を念頭に置いている。日本という一国家が、自己拡張の普遍性に憑かれた他国アメリカに翻弄され、苦悩するさまを、漱石はロンドンで追体験し、小説で表現したのだ。その最良の例こそが、明治天皇の崩御と乃木希典（一八四九―一九一二）の殉死に触発された『こころ』に他ならない。

文中の「連隊旗」という言葉に注目して読んでみよう。

おそらく乃木大将の死は、かつて「国のために」何事かを成さんとした若い英学者漱石の失われた役割を、にわかに回復したいという欲望を目ざめさせたのである。乃木大将が西南戦争のとき連隊旗を敵に奪われたように、漱石もその精神の連隊旗をロンドンでの孤独な戦いのあいだに西洋という「他人」のために奪われていた。（同前、三一四頁）

乃木希典

乃木希典の「近代」

明治一〇年二月一七日。

当時、小倉に駐屯していた少佐・乃木希典連隊長は、熊本城と連絡をつけるべく進軍するよう命を受ける。連隊主力は二二日、熊本城北西の高瀬に到着。夕刻にはさらに南下し田原坂をこえた地点にあたる植木で、潜伏していた薩軍との初戦をむかえることになった。

午後七時から開始された戦闘の最中、二〇〇名程度の乃木隊は、士気旺盛な薩軍の四〇〇人を前に防戦一方の展開になってしまう。持久戦が無理と判断した乃木は、撤退を開始した。同時に連隊旗手の河原林雄太少尉に旗を捲かせて退却したが、河原林は途中で消息不明となり、集合場所の千本桜に現われなかったのである。

翌日、河原林の遺体を発見した者によって、連隊旗が薩軍の村田三介に届けられてしまった。これが西南戦争中、もっとも有名なエピソードの一つであり、三五年後の乃木の殉死へとつながる「連隊旗喪失事件」のあらましである。

天皇に殉じた官軍の乃木希典は、国家と強くつながっていた。漱石はその乃木大将の立場に憧れていた。しかし乃木が西南戦争の初戦で連隊旗を奪われた結果、国家とのつながりを失い、孤独な「もの」的存在と化してしまったように、西洋文学によって国家とのつながりを断ち切られた漱石はロンドンで孤独に陥った。それは二人にとって自死に直結する強烈な苦悩だったのである。

江藤は、このように連隊旗喪失事件と漱石の留学体験を重ね、日米関係にまで思考の翼をひろげた。そして日本の「近代」と「文学」を論じたのである。

要するに乃木の連隊旗喪失事件は、漱石に『こころ』を書くことを強い、明治以降の日本が背負うことになった重い宿命、すなわち「近代」とは何かを明瞭に示したのである。

二つ目の敗戦――「抜刀隊」の調べ

ところで『南洲残影』の執筆中、『孝女白菊の歌』の他に、もう一つ江藤の頭に鳴り響いた歌があった。

それは二つ目の敗戦にかかわる歌である。江藤の筆が田原坂の戦いに敗れた薩軍の山中彷徨へとさしかかったとき、今度は「抜刀隊」という歌が聞こえてきた。今日でも陸上自衛隊の『分列行進曲』として知られる歌詞は、次のようなものである。

吾は官軍わが敵は
天地容《い》れざる朝敵ぞ
敵の大将たる者は
古今無双の英雄で
これに従ふつはものは
共に慓悍《ひょうかん》決死の士
鬼神に恥ぢぬ勇あるも
天の許さぬ反逆を
起せし者は昔より
栄えしためし有らざるぞ
敵の亡ぶるそれ迄は
進めや進め諸共《もろとも》に
玉散る剣《つるぎ》抜きつれて
死ぬる覚悟で進むべし……

昭和七年生まれの江藤に、幼年時代の戦争の記憶が蘇ってくる。たった一度だけ、祖母に連れられて訪れた東京の北参道で、陸軍の戦車部隊を見かけたことがあった。砂塵を巻きあげる戦車の勇姿を眺めていた江藤は、この戦車部隊が代々木練兵場で「白雪」の馬上におられる昭和天皇から、敬礼を受けられることを、子供ながらに思ったという。

なぜ観兵式の度に流されるこの帝国陸軍採用の行進曲は、こんなにも悲しい調べなのだろう。歌詞は敵の大将・西郷が古今無双の英雄であることを謳いつつ、今回の西南戦争は、天の許さぬ反逆であるゆえに西郷は確実に敗北すると説いていく。

『孝女白菊詩』が発表された翌年、明治一八年夏に、日比谷の鹿鳴館で初演されたこの軍歌は、フランス人軍楽隊教師シャルル・ルルーによって作曲された。パリ音楽院に学んだ秀才は日本の軍楽隊の技術向上につとめ、明治二二年まで滞日した。このルルーを見いだし、陸軍軍楽隊教師として契約招聘したのは、当時の陸軍卿・大山巖であった。

「白雪」に乗る昭和天皇

周知のとおり、大山は西郷の従弟であり、共に戊辰戦争の戦火をくぐり抜けた戦友でもあった。

江藤にとって、とりわけ次の第三番の歌詞は、帝国陸軍のものとは思えなかった。むしろ今、田原坂の戦いに敗れ、人吉山中を彷徨している薩軍のあゆみを辿った歌詞ではないのか。そうでなければ、なぜここまで、悲壮感を漂わせた言葉が、重ねられているかを説明できないではないか。

前を望めば剣なり
右も左もみな剣
剣の山に登るのは
未来のことと聞きつるに
此の世に於て目《ま》のあたり
剣の山に登らんは
我が身のなせる罪業を
滅ぼすために非ずして
賊を征伐するがため
剣の山も何のその
敵の亡ぶるそれ迄は
進めや進め諸共に
玉散る剣抜きつれて
死ぬる覚悟で進むべし……

まるで薩軍を描いているような歌を聞いた時、江藤は、これは後の帝国陸軍が薩軍と同じ運命を背負ったことを暗示しているのではないかと気づいた。後にガダルカナルで、ニューギニアで、インパールで繰り返された日本軍の山中彷徨が、薩軍敗走の足跡と重なるように感じられたのである。だとすれば、『抜刀隊』の歌詞で描かれた西南戦争には、敗戦にいたる日本近代史が凝縮されている――このような思いに江藤は囚われていく。

西南戦争と「近代」

たとえば昭和一一年(一九三六)に起きた二・二六事件について、江藤は次のように書く。

だが、二・二六事件は、ほとんど西郷挙兵のその瞬間から、国軍の構造のなかに潜伏していたのではないか。しかも、反逆者の軍隊は、昔から「栄えしためし」がないのである。薩軍は敗亡し、西郷は滅亡する。それに憧れ、それを模範とする国軍は、したがって実は敗北と滅亡に憧れる軍隊だということになる…だから、「分列行進曲」は哀しいのである。(『南洲残影』一五八・一五九頁)

江藤から見れば、薩軍の敗北する道行は、二・二六事件と重なっていた。そしてさらに一九四五年の太平洋戦争の敗戦にも重なるのであった。

ここにいたったとき、国軍は、つまり帝国陸軍は、全く西郷に率いられた薩軍と同質の軍隊と化していた…あるいは、「官軍」と「賊」が、一丸となって反逆者に変貌したといい直

してもよい。つまり、「西洋」という、「普遍」を自任する巨大な力に対する反逆者に。(『南洲残影』一六二頁)

わずか数カ月の西南戦争に、敗戦にいたる日本の「近代」が凝縮されている。こう確信した江藤は、人吉陥落から西郷自身が唯一指揮をとり挫折した和田越の戦い、さらには鹿児島に退却を余儀なくされる薩軍の姿を執拗に描きつづけた。なぜならそれが、近代日本を丸ごと描くことだったからである。死闘を描く自身の筆が、漱石同様、「近代」日本文学を紡ぎだしているという自負が、もちろんあったはずだ。

そして江藤の筆は、ついに城山での最終決戦へと及んでいく。

「西郷南洲」という思想

明治一〇年九月一日。

辺見十郎太率いる薩軍の一部が鹿児島市内に突入し、西郷が設立した私学校を、実に七カ月ぶりに官軍から奪還した。背後にある城山も占領した薩軍は、この日、西郷を鹿児島に迎え入れたのである。このとき、薩軍の残兵は四〇〇名を切っている。鬱蒼とした樹々に覆われた城山に堡塁を築き、桐野利秋や村田新八など首脳部もまた洞窟に身を潜めた。

政府側の包囲策は厳重かつ慎重に、時間をかけておこなわれた。山県有朋――明治五年、西郷に助けられともに徴兵制を採用した――は、各旅団にくわえ警視隊までも動員し、砲撃をくわえて徐々に圧力をつよめた。

そして九月二三日午前一時、砲撃は中止された。翌日早朝、最後の総攻撃へむけて、準備を整えるためである。

そのとき薩軍側では、激論が戦わされていた。西郷ひとりは生かすべきだ、助命歎願すべきだという意見が出たためである。辺見十郎太や村田新八までもがこの助命案を支持し、山野田一輔と河野主一郎が使節となることを申しでる。助命交渉ではなく、大義名分の説明だと西郷に偽り官軍側へむかった二人は、薩摩出身の海軍中将・川村純義と面会をおこなった。助命を願いでる使節にたいし、川村は、午後五時までに軍門に降るか否かの返答を待つ、と答えた。山野田の復命にたいして、西郷は一言「回答の要なし」と答えたと言う。ここに、翌二四日の総攻撃は決定した。

西郷らが身を潜めた城山の洞窟

その夜、西郷は決別の宴を催し、酒がふるまわれた。蒲生彦四郎の陣では、薩摩琵琶が切々と最後の夜空に響いた。小高い丘に過ぎない城山の様子は、闇夜に浮かぶ篝火とともに、官軍側から手に取るように見えたに違いない。官軍の側もまた夜空に花火を打ちあげ、酒宴に興じたとされている。
翌日午前四時。城山に立てこもる一六〇名ほどの薩軍を五万名の官軍が包囲しての総攻撃がはじまった。流れ弾が西郷の股と腹を抜いた。傍らの別府晋介にむかって西郷は、「晋どん、晋どん、もうこん辺《あたり》でよかろ」と言って膝を折り、手を東天にむかって合わせた。別府は「御免なったもんせ」と言うや、介錯を一閃、西郷の生涯をまとめたという。戦闘終結は、午前七時とも九時とも言われている。

硝煙おさまらぬ城山の地を豪雨が濡らし、夥しい雨水が鮮血を流していった。

この日、山県有朋はいつもと変わらぬ表情の西郷の首を実検した。この最後の場面を、江藤は書き遺している。

このとき実は山県は、自裁せず戦死した西郷南洲という強烈な思想と対決していたのである。陽明学でもない、「敬天愛人」ですらない、国粋主義でも、排外思想でもない、それらをすべて超えながら、日本人の心情を深く揺り動かして止まない「西郷南洲」という思想。マルクス主義もアナーキズムもそのあらゆる変種も、近代化論もポストモダニズムも、日本人はかつて「西郷南洲」以上に強力な思想を一度も持ったことがなかった。（『南洲残影』二六二頁）

江藤は「西郷南洲」の戦死のなかに、この国がペリー来航以来、引き受けつづける「近代」の凝縮された姿を見ていた。

丸山眞男らの近代化論はもちろん、玄洋社の国粋主義、佐藤一斎や三島由紀夫の陽明学、さらにはマルクス主義やポストモダニズムにいたるまで、一切のイデオロギーは、この国を変えることも説明することもできなかった。なぜなら政治的な「主義」というものは、左翼右翼の別なく、日本人の心情を深く、そして何より長きに亘って、揺り動かしつづけることができないからである。

つかの間、主義に憑かれ、熱狂し、政治的に団結する人間たちはいつの時代にも存在する。だが彼らは、時間の風雪に耐えられない。なぜなら自らの集団内の主導権をめぐって四分五裂し、組織の純化と排除をくり返し、ふたたび政治抗争をはじめてしまうからだ。まるで「有司専制」が、西郷らを征韓論で追いだしたように。つまり政治的なイデオロギーでは、理念と情念、善と悪すべてを含み込んだ「人間」という不可思議な存在をまとめあげ、つなぎとめておくことはできないのだ。

一方で時代を嘲笑し、シニカルに少数派であることを気どり、相対主義を自負する者もいるだろう。彼らは結局、時代をまるごと語るような、豊饒な言葉をもつ者にはなれない。時代を斜交《はすか》いに見て、語ることしかできないからだ。ポストモダニズムもまた、日本人の大半に深く刺さる言葉を紡ぎだすことができない。つまり陰影深き「人間」をまるごと描くことはできない。

ただ西郷隆盛と西南戦争だけが、抽象性を捨てた生々しい日本人と時代を描きだすことを可能にするのだ。勝海舟の『城山』や落合直文の『孝女白菊の歌』といった、豊饒な言葉を生みだす素となるのだ。だからこそ賛否いずれの側につくにせよ、日本人の琴線に触れ、一五〇年にわたり何度も論じられ続けてきたのである。このとき西郷は「政治家・西郷」を超えた「人間・西郷」として私たちの前に現われてくる。

これが、文藝評論家・江藤淳が『南洲残影』という作品に遺した思想の核心である。

明治維新から一五〇年、西郷が死とともに差しだした課題は、未完のまま私たちのなかに置き去りにされている。

終章　未完――司馬遼太郎『翔ぶが如く』の問い

司馬遼太郎　大正12年（1923）— 平成8年（1996）

反近代の偶像

西郷隆盛を手がかりに、日本の「近代」を問い直した五人の思想家を俯瞰してきた。それぞれの近代に関するイメージは、次のように具体化できるだろう。

福澤諭吉は「情報革命」により、人びとが不確かな情報に翻弄され、極端な善悪二元論へと傾いていく危険性こそ近代の病理であると考え、その象徴を西郷と西南戦争の敗北に見いだした。中江兆民は「経済的自由放任主義」が社会の紐帯をおびやかし、日本人から政治的自由を奪っていく状況を近代に特有の現象ととらえた。そして西郷と共に、儒教道徳の重要性を時代に向けて主張した。

大アジア主義者の頭山満は、「有司専制」が天皇から包容力を奪い、人民の意見が広く容れられる理想の政体の実現を妨げていると明治新政府を鋭く批判した。こうした閉塞感を打破してくれる象徴的存在として西郷を祭り上げたが、最終的には、自身の配下からテロリズムへと駆りたてられる狂気を生みもした。橋川文三もまた、明治新政府が作りあげた「天皇制」が日本人に閉塞感をあたえているとし、それを超克する道を西郷の南島体験のなかに模索しようと試みた。そして最後に江藤淳は、アメリカを筆頭とする西洋の普遍的価値が、日本人から言葉を奪い、日本を全的滅亡へと導くことが近代であった、と喝破したのである。

要するに、五人とも日本の近代化に対して違和感を抱き、西郷隆盛という人間の生涯をつうじて、日本の「近代」を洞察し、その特徴をあきらかにしようと試みたのだ。そして西郷のなかに、処方箋を見いだそうとしたと言えるだろう。

日本にとって近代化とは、「普遍性」を謳い自己主張を強いてくる西洋列強から国家の独立を守るために、なりふり構わず西洋文明を取り入れていく過程であった。そうすることで、国家として生き延びることを選んだわけだが、それは一方で国家としての個性を喪失する過程でもあった。

この近代化の流れに西郷は最後まで抵抗し、死を選んだ――もちろん実際の西郷はもう少し多面的な人間であったが[20]、五人の思想家たちの西郷像を大まかに整理すれば、そういうことになるだろう。つまり西郷は五人にとって「反近代の偶像」だったのだ。

事実、筆者自身もまた同じ思いで西郷を見つめていた。とりわけ東日本大震災以降、現在の日本社会のあり方に強い違和感を覚えたとき、西郷隆盛という人物がありありと脳裏に浮かんできたのである。「はじめに」でも触れたように、明治以降の一五〇年を俯瞰し、日本の近代化の是非を問い直したいと思ったとき、近代と反近代の双方が激しく渦巻き、あらゆる思想の源泉であることを許す魔術的な魅力を持った存在として、西郷が立ち現れてきたのである。

司馬遼太郎からの「問い」

近代の是非を問い直すために西郷に遡った日本人は、先に挙げた五人の他にも、本書でも触れた丸山眞男や三島由紀夫など、数多くいる。しかし、とりわけ強く日本の近代化への違和感を抱

大久保利通

き、誰よりも長大かつ綿密な西郷論を書き、日本人を魅了した人物がいる——国民作家の司馬遼太郎（一九二三―一九九六）である。

司馬が西郷を主題にした『翔ぶが如く』を毎日新聞に連載したのは、昭和四七年（一九七二）初めから昭和五一年（一九七六）初秋にかけてである。当時、司馬は日本の統治機構、とりわけ「官」に注目していた。中央官庁の官吏に会った際、官吏の口から「私ども役人は、明治政府が遺した考え方を守ってゆく立場です」と聞かされ、一瞬、ひどく驚いた。しかしよくよく考えてみると、実際、昭和二〇年の敗戦では軍隊組織と内務省が解体されただけで、おおくの省庁と官吏はそのまま残されていた。つまり明治新政府の太政官は、戦後もしたたかに生き延びていたのである。

戦後日本とは何かという問いを解こうとしたとき、眼前の官僚組織が太政官のものの考え方を維持している以上、始原である明治維新期にまで遡る必要があると司馬は考えた。それが昭和五〇年前後に、西郷を中心とした明治初期を描いた理由であった。

司馬によれば、日本の近代化の始原には、まず大久保利通がいた。大久保は官吏の成立事情が薄氷を踏むような危ういもので、正統性すら怪しいことを承知していた。だからこそ自らを鼓舞し、官吏たちの士気を高めた。文明開化を熱狂的に推進するために、西郷ら郷党に対する後ろめたさすら、自らに忘れさせた。その大久保が推進した太政官という近代官僚体制を否定しようとすれば、大久保への最初でかつ最大の批判者である西郷隆盛を描くのは、司馬にとって必然の成り行きであった。

しかし、にもかかわらず、司馬は西郷に積極的な思いを仮託できなかった。西郷を「陰画的」として、否定的に描くことしかできなかったのだ。その理由を、司馬は明瞭に述べている。

西郷は斉彬の弟子でありながら維新後の青写真をもたず、しかも幕末における充実した実像は、そのまま維新後の人気のなかで虚像になった…当然ながら「官」に対する一敵国をなし、全国の不平士族という在野勢力の希望の星になり、日本における最初の野党を形成した。
（司馬遼太郎『翔ぶが如く　十』文春文庫、二〇〇二年、三六二・三六三頁）

司馬は、大久保の近代化路線を手放しで肯定することはなかったが、それに抵抗した西郷への評価はより一層低かった。なぜなら西郷の姿勢が、現在まで引き継がれている野党の政府批判とまったく同じ欠点を抱えていたからである。

たとえば外交問題を焚きつけ、政府の軟弱外交を批判する姿勢は征韓論が最初であり、後に日本を必敗の非合理な太平洋戦争へとひきずり込む端緒となった。さらにその情念は、戦後の現在にいたるまで対米従属批判などのかたちで根深く続いている。また倒閣を叫びつつ、実は本気で政権交代するだけの能力も気力も欠いており、本人自身もそれを自覚し、「敗北の美学」を肯定する姿勢――これもまた西南戦争が最初であり、現在の野党の政治姿勢と何も変わらない。司馬にとって、大久保が構想し、現在もなお「官」が脈々と引き継ぐ近代化路線は、違和感を覚えるものであった。しかしそれを批判する勢力もまた、西郷の域を一歩も抜けだしていなかった。野党の政治姿勢を、とても肯定することなどできなかったのである。結局、西郷の反近代主義は、政府を非難するだけで明確な国家像、つまり「青写真」を持っていないのではないか――これが「西郷という虚像」を主人公にした小説を、司馬に書かせた動機だったのである。

征韓論と革命への嫌悪感

とりわけ司馬が西郷に辛口だったのは、征韓論を嫌悪したからである。

司馬にとって外交というものは、自国の利害で割り切られた「政治技術」の問題であり、冷徹な利害計算による合理性を重んじる技術でなければならない。ところが、日本の外交は多分に呪術性あるいは魔術性を帯びた奇妙なものになっていた。幕末では「攘夷」という言葉と結びついたように、外交は独得な情念の熱を帯び、人民レベルに至るまで沸騰してしまうのである。

たかが国家の利害計算の範囲内にすぎない外交問題が、革命のエネルギーに最初から変質してしまっていた。夷を攘《はら》うということが同時に王を尊ぶという国内統一の課題と矛盾なしに一致し…外交がつねにただの外交におわることなく、かならず悪霊のような魔術性をもち、国内問題にむかって強烈な呪術力を発揮するという点で、日本はきわめて特異であり、世界の政治地理的分野のなかで特別な国であるとして見なければ、征韓論というものはわからない。(『翔ぶが如く　一』文春文庫、二〇〇二年、一二〇・一二一頁)

ここには満州の戦車部隊に所属していた自身の戦争体験をふまえた、司馬独自の征韓論評価が描かれている。

さらに、後に刊行された『「明治」という国家』で司馬が強い違和感を示したのが「イデオロギー」と「革命」であった。西郷の征韓論にはじまり昭和二〇年までの日本を支配していたのは、この二つの情念である。

イデオロギーとは「正義の体系」と言い直せる。自らが絶対に正しい価値観を握りしめていると叫ぶ者がでてきて、嘘の周りを巧みな言葉でグルグル巻きにしたものがイデオロギーである。思想が水のようなもので、人びとが生きていくための日常必需品だとすれば、イデオロギーはいわば非常事態を呼び寄せるために飲まれる酒である。この異常な正義に酔っぱらうことで「革命」が起こる。司馬が嫌ったのはこの手の狂気であり、日本の近代化は「西郷という虚像」が歩き始めた頃から、次第におかしくなったと考えていた。(21)

だから司馬がもっとも重んじたのは、「リアリズム」であった。現実的基礎を重んじる者だけが、未来の国家像を正確に描くことができる。司馬は、単に目先の利害に拘泥する現実主義と区別して、こうした政治的リアリズムに「高貴な」という形容をつけ、重要性を指摘した。たとえばその典型として、第三章において西郷の性格を批判した、重野安繹をきわめて高く評価する。

「この時代としては勇敢なほどの合理主義的精神をもっていたのは、かれが商品経済の影響下で育ったことも無縁ではない」。「古い陽明学者の春日潜庵を尊敬していた西郷にすれば、道学性のすくない重野の学問に感心するところがすくなかったにちがいない」（以上、文春文庫『翔ぶが如く　十』、三二四頁）

司馬が重野を合理主義者として褒めたたえるのは、政治的リアリズムの言い換えと考えれば理解できる。一方の西郷は、陽明学を信奉する古色蒼然とした政治家であり、合理性が欠如していると見なされた。つまり司馬は、『翔ぶが如く』をとおして、西郷のように明確な国家像（「青写真」）を持たないまま、熱狂的な主義主張にうなされてはならないと日本人に強く訴えかけたのだ。西郷の反近代主義は、リアリズムを欠いた野党の典型であり、現在にまでつながる病理だと見なしたのである。

重野安繹

西郷隆盛に、死生観を問う

新装版文庫本で全十巻にわたる『翔ぶが如く』には、以上のような西郷批判が溢れていた。しかしこの作品は、おおくの日本人に読まれたにもかかわらず、その後も西郷人気はいささかも衰えることがなかったように見える。相も変わらず日本人は、各人の思いを西郷に仮託し続けている。維新から一五〇年の節目を迎える今、また大河ドラマの主人公として復活しようとしている。

なぜ政治的リアリズムを欠いた西郷が、かくも日本人に愛されるのか。なぜ、福澤ら本書に登場した五人は、時代も思想的立場もばらばらなのに、みな西郷に惹かれたのか。司馬のリアリズムは、政治的な処方箋としては正しいだろう。しかし日本人がくり返す西郷思慕の「なぜ」に答えることができないのだ。

司馬の政治的リアリズムは、いったい西郷の何に敗れたのだろうか。

この謎を解くためには、第五章の江藤淳を振りかえるのがよい。常々、イデオロギーへの不信感を表明していた江藤は、司馬がリアリストを持ちあげたように、当初、政治的成果をだし続ける勝海舟の方に高い評価をあたえた。にもかかわらず、晩年の『南洲残影』では、これまでの自論を否定するかのように西郷への思慕を隠さなくなった。「このとき実は山県は、自裁せず戦死した西郷南洲という強烈な思想と対決していたのである」と指摘し、「日本人はかつて『西郷南洲』以上に強力な思想を一度も持ったことがなかった」と告白したのである。

政治家として見る限り、西郷隆盛という存在は、マルクス主義やアナーキズムさらには近代主義や国粋主義など、政治的イデオロギーの一つに過ぎなくなるだろう。だが、マルクス主義のように人間を階級への所属意識で説明したとしても、あるいはアナーキズムのように人間を政治的拘束から自由な存在であると主張しても、眼の前で懸命に生き、死に、喜怒哀楽にむせぶ「人間」を丸ごととらえることはできない。情報に翻弄され、あるいは壮大な自治を夢想し、テロリズムの暴力に駆り立てられもする「人間」の多面性に迫ることはできないのだ。つまり、どのような政治的主張をもってしても、政治のみでは人間存在のすべてを説明しつくすことはできない。
だとすれば、私たちが西郷に追い求めてきたのは、「政治家・西郷」ではないのではないか。むしろ私たちは、西郷に日本人の死生観を丸ごと託し、あるいは問い質してきたのではなかったか。

日本人のおおくは、西郷に政治家としての力量や理想像を問うてきたのではなかった。むしろ、近代社会のなかでどう生きればよいのか、どう死ねばよいのかを考えるとき、日本人の心のなかに西郷はその魔術的な魅力で大きな姿を現してくるのではないか。

日本の近代一五〇年とは、富国強兵や高度成長がその典型であるように、生きることへの情熱に憑かれた時代である。と同時に、その反動としてテロリズムなどの過剰な暴力と死への憧れを生みだすような生と死の「矛盾」を抱えこんだ時代であった。

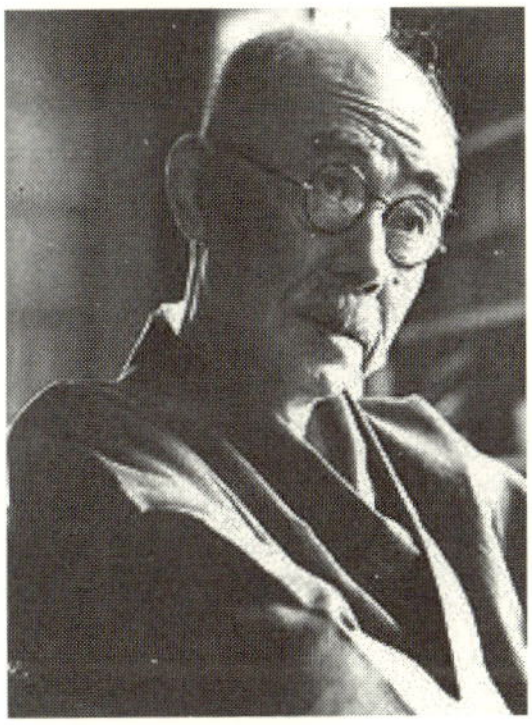
柳田國男

「はじめに」で「反近代の学徒」として取りあげた民俗学者の柳田國男によれば、明治以降の近代化のひずみは、「家」をおろそかにし、霊魂の問題について考えなくなったことによって生じたものであった。「明治以来の公人はその準備作業を煩わしがって、努めてこの大きな問題を考えまいとしていたのである。文化のいかなる段階にあるを問わず、およそこれくらい空漠不徹底な独断をもって、未来に対処していた国民は珍しいといってよい」(『先祖の話』、

『柳田國男全集13』筑摩書房、一九九〇年、一〇頁）。

しかし、そのひずみは昭和二〇年夏の敗戦に至る過程で夥しい死者がでたことによって、誰の眼にもあきらかになった。だから敗戦経験とは、日本人が今一度落ち着きを取り戻し、生と死のあるべき姿を見つめなおすチャンスだったのである――「新たに国難に身を捧げた者を初祖とした家が、数多くできるということも、もう一度この固有の生死観を振作せしめる一つの機会であるかも知れぬ」（同前、二〇九頁）。

だが実際には、生の論理だけが戦後社会を席巻していった。日常生活から死臭は巧妙に取り除かれ、私たちが死者に面接する機会はほとんどなかったのである。戦前も戦後も死者への慰霊はぞんざいにされたままであった。柳田が絶好のチャンスだと思った戦後日本は、三島由紀夫に言わせれば経済成長にうつつを抜かし、弛緩しきった時代であった。三島が西郷を持ち出して革命やテロリズムを肯定し、昭和四五年一一月二五日に自刃し、戦後日本に強引に死臭をばらまいたのは、近代化への強い異議申し立てのつもりであった。日本の近代は戦前戦後をつうじて、生と死の「矛盾」を解決できなかったのだ。

こうした状況は、現在の日本でも変わらないように見える。

しかし東日本大震災以降、私たちは少しずつ忘れ物に気づき始めているのかもしれない。さらに今後、日本は成熟社会をむかえ、年を追うごとに多数の高齢者が亡くなっていくことになる。夥しい死の到来を前にして、日本人は生と死を等分に考えねばならないことに気づき始めているのではないか。

だからこそ今また、西郷隆盛は復活しようとしている。私たちが生きる近代社会はどんな時代で、どのような生き方を正しいと見なしているのか。またどんな死に際を模索すべきなのか。死から生を問い直すべき時代がもう間もなくやってくる。そのとき、思想の左右を問わず、少なからぬ日本人が、また西郷に自らの死生観を仮託しようとするだろう。

三度目の流罪地・沖永良部島の座敷牢にいるとき、西郷は地元の子供に『孟子』の一節を講じ、その際、みずからの死生観を次のように語ったという。

…生死の二つあるものでないと、合点の処が疑わぬと云うものなり。この合点が出来れば、これが天理の在り処にて、為すことも云うことも一つとして、天理にはずるることはなし。一身がすぐに天理になりきるものなれば、是が身修《おさ》まると云うものなり…ちょうど天と人と一体と云うものにて、天命を全うしおうじたと云う訳なればなり。(『西郷隆盛全集　第四巻』一五八・一五九頁)

生の論理と死の論理は二つにわけられるものではない。これが合点できれば、あらゆる行為は天理からはずれない。天と人が一体化すれば「天命」を全うできる、すなわちこの世に生かされていることの宿命を合点できる――。

たとえ幕末儒学の「天人合一思想」を知らなくとも、日本人は無意識のうちに西郷のこの思想に絶えず帰っていくのである。

あとがき

筆者と西郷隆盛の出会いは古い。

一九九一年春、一六歳の筆者は高校入試を終え、時間を持て余していた。大学附属の男子高校の門をくぐると、噎《む》せかえるような青春の情熱と厖大な時間の前に、無造作に放りだされた。書店へむかった。理由はわからない。何か歴史関係の本を読んでみたいと思ったのであろう。三国志でも信長でも何でもよかった。だから西南戦争に関する本を手にとったのは、全くの偶然である。

それから生活が一変した。貪るように読み、関連する書物を探し、いつの間にか机には西郷と北一輝の写真が飾られていた。『伝統と現代』という古めかしい雑誌で、橋川文三や神島二郎、渡辺京二などの名前を知ったのも、この頃のことである。「日本思想史」という学問分野へのあこがれは、このときにはじまる。

とりわけ興味をもったのが、勤皇僧・月照と西郷が錦江湾に入水する場面であった。なぜ人は、自ら死を選ぶことができるのか。何を求めれば、死の淵を飛び越す勇気をもつことができるのか――青春とは、旺盛な生への意欲と同じくらい、死への情熱に取り憑かれるものである。筆者もまた例外ではなく、時間の半分は、歴史のなかに死の匂いを嗅ぎ取ることに費やされたものと思われる。

大学入学後、周囲は現代思想を学ぶ者たちで溢れていた。マルクスもニーチェも魅力的ではあったが、眼の前の「現実」は何一つ変わらないように思われた。強固な壁というよりも、むしろつかみどころのない白昼の空白、大げさに言えばそれが、私にとって一九九〇年代後半の日本の現実であった。情熱はぶつかる対象をもたずに内向し、大学構内の銀杏並木が余りにも澄み切った黄金色を冬空に広げているがゆえに、空虚で仕方なかったのである。友人たちはきわめて行儀よく思想を学び、真面目に現実への批判と否定を口にしつつ、その実、何も変わらないことを知っていた。

大学図書館の片隅で隠れるように西郷全集を読み漁り、ある日、日本思想史を選択したいと言うと、友人たちは怪訝な顔をし、またある者は筆者を右翼呼ばわりした。そのせいもあって筆者自身、申し訳なさそうにフランス現象学や最新のヘーゲル批判の倫理学などを読んでいた気がする。大学院時代には実際にフランスに留学までした。語学を磨き、原書講読会を主宰しボードレールやメルロ・ポンティに齧りつき、何より他の日本人留学生の様子を仔細に観察していた。そうこうしているうちに、西郷のことなど、すっかり忘却していたのである。

ふたたび西郷隆盛の名前が浮上してきたのは、東日本大震災で被災したことによる。突如、夥しい数の「死」が出現した。遺された側の思惑など嘲笑うかのように、もの凄いスピードで死が眼の前に現れ、火葬する余裕もないままに土葬され、過ぎ去ってゆく。いったい何が起きているのか。もう少し待ってくれ、こちら側が納得できるまでどんどん進んでゆく事態を止めてくれ――私は、「現実」というものに打ちのめされた。

私が目撃したかぎり、人は近親者の「無意味な死」に耐えることはできない。被災者同士が寄り添おうとしたのも、互いが抱え込んでいる理不尽について語り合い、そこに「意味」を見つけようとするからなのだ。そのとき、「天」と「人」とのつながりを感じながら、生と死を同じ重みで天秤にかけている西郷隆盛の言葉、とりわけ「天命」という言葉が、脳裏にいきなり浮上してきた。それは宿命と言いかえることができるはずで、人は理不尽な現実にたいし、そこに宿命を発見したときにのみ、合点して苛酷な生と不慮の死を、ようやく受容することができるのである。

私の考えでは、西郷はその政治思想ではなく、死生観によって記憶されつづけている。本書はその航跡をまとめたものである。西郷との最初の出会いから四半世紀が経っていた。いまだに西郷星の周囲をめぐるだけで、西郷本人を書くだけの勇気がもてない。だから本書は、あくまでも未完である。『未完の西郷隆盛』とは、筆者と西郷との格闘がいまだに続いていることを表してもいるのである。

新潮社の三辺直太氏は、「豪腕」の編集者である。地力が強く、力仕事をするようにゴリゴリと仕事をこなしてゆく。縁の下の力持ちとは彼のような人を言うのである。また前著『違和感の正体』に引き続き、阿部正孝氏にも助太刀をお願いした。鉛筆で直に入れる阿部氏の赤入れは、鋭利な彫刻刀で削っていくような筆致である。本書に優れた部分があるとすれば、すべて両氏のおかげである。最後に感謝の言葉を申し述べておきたい。

平成二九年　晩夏　台風接近の大雨のなかで

先崎　彰容

（1）たとえば、イギリスの外交官であるアーネスト・サトウは『一外交官の見た明治維新　下巻』のなかで、「西郷は、現在の大君《タイクーン》政府の代わりに国民議会を設立すべきであると言って、大いに論じた。私は友人の松根青年から、反大君《タイクーン》派の間ではこうした議論がきわめて一般的になっていると聞いていたが、これは私には狂気じみた考えのように思われた」と書き記している（岩波文庫、坂田精一訳、一九六〇年、四五頁）。こうした発言を加味しつつ、坂野潤治は、西郷が攘夷論に関心をもたず、国民議会の重要性を訴え、廃藩置県の断行まで行ったことを指摘している。さらには、征韓論と西南戦争によってのみイメージされる西郷像に異議をとなえ、福澤諭吉の著作を高く評価していた西郷にも言及している。従来の西郷像にゆさぶりをかけ、同時に福澤との接点を重視する坂野の立場は、本書ときわめて似た問題意識をもっていると言えるだろう。以上、『西郷隆盛と明治維新』講談社現代新書、二〇一三年、五〜七頁。

（2）さらに西南戦争研究家の江藤政光は、西南戦争直前の二月一二日に明治新政府側の海軍大輔・川村純義と内務少輔・林友幸が、尾道より熊本県権令・富岡敬明に暗号電報を打電した事実を指摘している。同内容の暗号電報は、大阪にいた山県有朋や伊藤博文、東京にいた大久保利通や大山巌らに次々に送信され、数時間内のすみやかな戦略作成に一役買った。新政府側は、密事電報や隠語の手紙など情報戦略を駆使することで、薩軍の挙兵準備段階から進軍ルートを予測し、開戦後も熊本城包囲状況などを、かなり正確に把握していたらしい。本章冒頭の福澤諭吉の苛立ちとは裏腹に、新政府側は熊本城攻防戦の事実を知悉していた可能性があるのだ。以上、『西南戦争』学習研究社、一九九〇年、一〇二〜一〇五頁。

（3）ただし近年の思想史研究では、徳川時代＝経済的蔑視を覆す見方も大きな潮流となっており、一九世紀日本の商業的繁栄を自己肯定し、未来の進歩を信じるような思想があったことが指摘されている。たとえば苅部直は、以下のように論じている。私たちはしばしば、現代の低成長時代をふまえ、徳川時代の循環型社会をモデルにすべきであると指摘する。しかし日本経済史研究を参照すると、徳川時代のイメージは全く違うものとなる。大阪を中心に商品流通網は発達し、「経済社会」が出現する。懐徳堂に学んだ富永仲基が、「金銀・銭」が支配する「今の世」を肯定した事実、また西川如見が市場競争と流通を、「天地」の「気」の運動を円滑にし、人間の生存を支える行為であると肯定した事実に注目すべきである。たしかに、儒教の基本は商業の意義を低く見積もったものの、むしろ実際に広く浸透したのは、富永仲基や西川如見などの商業肯定論だったのである。以上、苅部直『「維新革命」への道』新潮選書、二〇一七年。

(4)最低限の時代状況のお浚いをしておこう。たとえば福澤諭吉のばあい、明治六年の征韓論から一一年『通俗国権論』を発表する時点まで、一貫して殖産興業を重視した。西南戦争終結後の日本は、福澤の意に反し大幅な輸入超過であった。しかも戦争に伴う多額の不換紙幣の発行がインフレをもたらし、地租改正とともに政府の収入源を圧迫していた。こうした複数の危機的状況下で、大隈重信の外積募集が不採用となった結果、明治新政府は財政上追い詰められることになる。以上、坂野潤治『福沢諭吉選集』第七巻解説、岩波書店、一九八一年。

(5)西郷と兆民の親近性を、政治哲学から指摘した研究として、坂本多加雄の論考がある。坂本は、西郷の「内乱を冀う心を外に移して、国を興すの遠略は勿論、旧政府の機会を失し、無事を計って終に天下を失う所以の確証を取って論じ候処…」という文章を引用し、特に後半に注目を促す。ここで西郷は、幕末の江戸幕府が、攘夷戦争をひたすら避けた結果、薩長倒幕という「内乱」を引き起こしたとし、同じ轍を明治新政府も踏まないように警告しているのだと、坂本は解釈する。そのうえで、こうした「戦」を恐れない政治姿勢を、中江兆民の『三酔人経綸問答』の「豪傑君」の姿勢に通じるものがあるとし、非常時への対処を求める二人の共通性を指摘している。以上、『日本の近代』2、中央公論社、一九九九年、一七六〜一七八頁。

(6)兆民の道徳思想が、以下で述べるように次第に伝統重視へと変貌する事実を指摘したものに、宮城公子の論文がある。『幕末期の思想と習俗』ぺりかん社、二〇〇四年、一六一頁参照。

(7)『南洲翁遺訓』とほぼ同時期の明治三年一二月に、岩倉具視の諮問に答えたものとされる「西郷隆盛意見書」では、「官より手を下すべきと下すべからざるとの条目を、要路執政の人々早く了解すべし」とし、その区別を「政度紀律賞罰与奪等の権は上に持し少しも失墜すべからず。米価金銀諸色の相場且つ商等の類は勢を下に任せ禁制すべからず」としている。以上、『西郷隆盛全集』第三巻、八二頁。ここでも、政治と経済の区別は明瞭である。

(8) もはや古典の感もある毛利敏彦『明治六年政変』(中公新書、一九七九年)の登場は、西郷=征韓論がもつ否定的な固定観念を一蹴するだけのインパクトをもっていた。毛利は、「西郷が征韓に公的に反対したことを示す信頼できる史料がある。それは、政変直前の明治六年一〇月一五日閣議に宛てて、西郷が太政大臣三条実美に提出した自筆の『始末書』(意見書)であるが、この文書で西郷は、朝鮮国に対する強硬態度や戦争準備を批判するとともに、使節を派遣して『是非交誼を厚く成され候御趣意貫徹いたし候様』にすべきであると力説している」という事実を指摘した。本書で引用した西郷の書簡についても、征韓論の最右翼・板垣退助へのリップ・サービスとして言った可能性があることを指摘し、さらに「旧政府の機会を失し、無事を計って、終に天下を失う」という書簡の後半部分に特に注目を促した。これは江戸幕府が幕末、武力を用いることを嫌い、西郷自身が加担した江戸無血開城などを行った結果、逆に幕藩体制が崩壊した事実を取りあげたものである。西郷は、幕府解体の原因を、幕府が適切なときに武力を用いなかった事なかれ主義だと言っているのである。毛利によれば、西郷は武力の適切な使用は前提としつつ、まずは使節の穏便な派遣を求めていた。だが、この毛利説=西郷平和的交渉者説を支える最大根拠、一〇月一五日提出の「始末書」は、別の解釈をすべきではないか——こう唱えたのが猪飼隆明であった。猪飼は「始末書」の内容構成が、蛤御門の変の際、長州兵にたいして送った内容と同じである点に注目し、西郷は日本が朝鮮に派兵する正当性と大義名分を得るために、こうした一連の文書を書いたのだと断定した。以上、『西郷隆盛—西南戦争への道』岩波新書、一九九二年、一七二頁以下。

(9) 文化大革命を支持した日本史学者・井上清は『西郷隆盛』において、西郷と毛沢東を重ねるように描きつつ、しかし「革命家」としての西郷の不徹底と限界を次のように指摘した。「歴史の事実によれば、西郷は新政厚徳の革命家であったことは一度もなく、たんなる仁政主義者であり、また専制天皇制にたいする革命的抵抗者であったことも一度もない、天皇制支配層内部における官僚派にたいする士族反対派であった」(中公新書、一九七〇年、下巻二二三頁)。悲劇の敗者として西郷は民衆から人気があったが、実際は民衆のための革命家ではなく、天皇のための革命家に過ぎなかったというわけである。この井上の西郷解釈が、昭和四五年、三島由紀夫自害の年に出版されていることは、ここでの筆者の問題意識を側面から裏付けるものであろう。西郷は毛沢東と比べたばあい、より不徹底な反近代主義者だったというわけである。

(10) ちなみに、頭山が講評を付した『南洲翁遺訓』は、大正四年に山路愛山によって編纂された『南洲全集』からのものであり、明治二三年に庄内藩士たちが刊行した、いわゆる「原本」とは文章に若干異同がある。

(11) 西郷の三度にわたる島送りは、正確に言えば、一度目は安政の大獄から身を守るために、薩摩藩の指示によって改名の上、奄美大島に匿われたのだった。その後、島津久光の逆鱗に触れた徳之島・沖永良部島への島送りは、いわゆる流罪によるものであった。

(12) 事件直後に自害した朝日平吾は、遺書を二・二六事件の理論的支柱となる北一輝の他に、玄洋社と思想的に近しい右翼団体・黒龍会の内田良平にも送っており、頭山満の存在をつよく意識していた。よって間接的関与ながら、玄洋社は朝日というテロリストを生みだしたと言うことができる。本文では来島恒喜にのみ言及することから、以下簡潔に朝日の思想的遍歴を付しておくことにしよう。

来島事件の翌年、明治二三年に佐賀県で生まれた朝日の生涯は、当時の社会から次第に疎外されてゆく過程だということができる。彼が成功をもとめてもがけばもがくほど、社会は彼をはじきだしてゆく。明治三五年に一二歳で母親に先立たれた後、朝日は長崎の鎮西学院に入学する。その後、軍隊に入隊。青島戦に参戦し、復員後は早稲田大学・日本大学に入るも学業に専念することはできなかった。大正五年には、当時の満蒙独立運動にさいして、馬賊軍に参加し朝鮮・満州を放浪するいわゆる大陸浪人となった。だがそれも長くはつづかない。最終的に内地へともどった朝日は、当時の国内を改造する運動として、一種の下層労働者救済施設「労働ホテル」の建設を計画する。大正一〇年、資金調達のために訪問した財閥の巨頭・安田善次郎に提案を断られると、朝日はその場で安田を殺害し、自らの喉を掻き切った。彼の起こした行動は、直後に一八歳の少年・中岡艮一による原敬暗殺をひき起こし、後の昭和テロリズムの導火線に火をつけた。

朝日が遺した斬姦状『死の叫び声』は、次のような内容であった（以下、引用部分は「死の叫び声」大正十年、橋川文三編集・解説『現代日本思想大系　31　超国家主義』筑摩書房、一九六四年所収。六一頁以下）。いわく、日本臣民は、天皇の赤子のはずである。だとすれば、赤子たちすべてが安心できる生活を送れないならば、天皇は朕の罪であるとみずからを責めるだろう。「一視同仁ハ実ニワガ神国ノ大精神」と天皇は言ってくれるはずだ。自分は他の日本人と同じく臣民なのだから、平等に生きる権利がある。「吾人ハ人間デアルト共ニ真正ノ日本人タルヲ望ム」のは、「真正ノ日本人ハ陛下ノ赤子タリ、分身タルノ栄誉ト幸福トヲ保有シ得ル権利アリ」だからなのだ。だが眼の前にある現実は、何ひとつ理想を実現してはくれない。自分が他の人と同じように平等に生きる権利など、どこにも見当たらない。笑顔で歩いている人びとの傍らで、自分だけが今日も周囲に溶けこめず、下を向いて生きている。雑踏のなかにいるのに孤独感は増すばかりだ。大衆批判と罵倒の言葉が口をついて溢れだし、暴力的な苛立ちを抱えて、街を彷徨する日々がつづく。なぜ自分は社会から受け入れられないのか。悪いのは自分なのか、社会なのか。もしかしたら天皇ではないのだろうか——。

最終的に、悪いのは社会だと朝日は断定し、社会組織から平等を妨げる悪を取り除けさえすれば自分は社会に受け入れられると考え、安田善次郎暗殺のテロリズムを断行した。本章は、こうした偏狭さや暴力性が、どのような経緯で近代日本思想史上に登場したのか、その源流を西郷隆盛の政治思想のなかに見いだす作業となるだろう。

(13) ちなみに、『大西郷遺訓』出版委員会編による同一部分の記述は、次のようになっている。後半部分に、「番犬」発言があることに注目してほしい。「南洲先生が生きておられたならば、日支の提携なんぞは問題じゃない。実にアジアの基礎はびくともしないものになっていたに相違ないと思うと、イギリスあたりの番犬となって、鼻をうごめかしてお椀の飯を食っている様が、情けなくてたまらぬ」。（『大西郷遺訓』、南丘喜八郎発行、K&Kプレス、二〇〇六年、一七〇頁）

(14) 「天人合一思想」に注目し、西郷の中心思想だと主張したのは、『代表的日本人』を書いた内村鑑三であった。同書で内村は、「そのような『天』の声の訪れがなかったら、どうして西郷の文章や会話のなかで、あれほど頻りに『天』のことが語られたのでありましょうか。のろまで無邪気な西郷は、自己の内なる心の世界に閉じ籠りがちでありましたが、そこに自己と全宇宙にまさる『存在』を見いだし、それとのひそかな会話を交わしていたのだと信じます」と述べている。「天」を「会話」可能な存在と「擬神」化している点は、クリスチャンの内村らしいが、「『天』と、その法と、その機会とを信じた西郷は、また自己自身をも信じる人でありました。『天』を信じることは、常に自己自身を信じることをも意味するからです」という指摘は、正確に幕末儒学の一側面を把握していたと言えよう。以上、『代表的日本人』岩波文庫、一九九五年、二二・四一頁。また、西郷の「天」とキリスト教の関連を指摘した研究には、井田好治「敬天愛人の系譜」(『敬天愛人』第二号、一九八四年)、増村宏「西郷隆盛の思想について」(『鹿児島大学文学科論集』第七号、一九七一年)がある。

(15) ここでもまた、宮城公子と相良亨を参照すると、対外的危機が頻発した時代に登場した佐藤一斎らの幕末儒学は、「状況の理」を特徴とした。朱子学が時代状況を超えた普遍的基準の存在を認めたのにたいし、日々転変する政治状況下に身を置き、自己の存在意義を不断に問われた幕末儒学は、その時、その場所において適当に対処する義理、すなわち「状況の理」を主張した。即応性を求められる状況において、場当たり的判断に陥らない強い自己確立が求められたのである。その際に注目すべきは、一斎門下の横井小楠が「状況の理」を主張するにあたり、水戸藩の激派尊王攘夷論者を批判するために、論陣を張っていた事実である。水戸学から生まれた激派が、表立っては尊王攘夷の名分を掲げつつも、実際は自己の功名心に駆られ、悲憤慷慨している点を小楠は批判した。つまり場当たり的状況に翻弄され、一時的な憤激に心を左右されることは、本来、一斎や小楠ら自己確立を説く陽明学にとって唾棄すべき事態であった。以上の自己確立と「状況の理」を主張した佐藤一斎の思想的影響下から、植木枝盛のような自己絶対化の論理が生まれ、その余波が玄洋社のテロリズムにまで直接間接の影響をあたえていたことは皮肉である。一斎の影響を受けた西郷隆盛自身の政治思想にも、こうした毒がふくまれていた可能性を、以下本文で指摘することになる。

(16) 島尾敏雄編著『ヤポネシア序説』(創樹社、一九七七年)には、長澤和俊や荒瀬豊ら東洋史や社会学の専門家にくわえ、『神風連実記』『宮崎八郎』などの著作をもつ荒木精之の名前もみえる。とりわけ民俗学者の谷川健一は、「…ヤポネシアは、日本脱出も日本埋没をも拒否する第三の道として登場する。日本にあってしかもインターナショナルな視点をとることが可能なのは、外国直輸入の思想を手段とすることによってではない。ナショナルなものの中にナショナリズムを破裂させる因子を発見することである」と島尾を高く評価し、「ヤポネシア社会は、日本という国家の成立以前から存在し、日本列島に住民の生活があるかぎり存続する」と言った（以上、六二・六四頁）。この日本国家成立以前を強調する姿勢は、本文後半に登場する吉本隆明の論理とまったく同一のものである。

(17) 西郷の南島滞在を「死の島」と規定したのは、渡辺京二である。渡辺は、寺田屋事件を西郷の決定的な転機だとし、同志朋友を殺され、また裏切られた事実から、次のように南島時代を描く。「いまや何を信ずればよいのか。ここで西郷の心は死者の国へとぶ。彼はもう昨日までの薩摩家臣団の一員ではない。忠誠の糸は切れた。彼は大久保らの見知らぬ異界の人となったのであって、彼の忠誠はただ月照以来の累々たる死者の上にのみ置かれた。かくて、彼を乗せた船が向かう南島は死の島であった。そしてその島は、ふたたび来てみれば生ける民の島であることがわかった。自分を死の国の住人と感じたとき、救いのように生ける民の像が現われたのである」。「つまり彼は、古今変わらざる島の生活のリズムに心を奪われたのである。それは国家や政治権力からもっとも遠い民の生活の位相といってもいい」（以上、「死者の国からの革命家」、『維新の夢』所収、ちくま学芸文庫、二〇一一年、三四六・三四七頁）。抒情的な文章で渡辺が主張したいのは、国政の中枢から精神的に離脱した西郷が、不変の生活のリズムを刻む南島の民に自ら同化していく有様である。しかし本文から明らかなように、筆者の理解では、西郷は国政はもとより、島民の生活にも距離を感じていた。すなわち渡辺の言葉を借りれば、何ものも信じることができず、所属意識を断たれたことに特徴があると考える。

(18) 坂野は「幕末維新期を一種の戦略的合理主義で乗り越えてきた西郷が、わずか三七二名の味方だけで一万二〇〇〇を超える政府軍と対峙するために、反乱を起したわけではあるまい。西郷には、場合によっては政府軍に勝てるという見通しがあったのではなかろうか」と仮説を提示した。坂野は、熊本鎮台で参謀長の地位にあった樺山資紀が寝返る可能性があったこと、さらに海軍大輔の川村純義が西郷に以前から期待を寄せていた事実から、西郷は、彼らが西南戦争に同調する可能性を期待していたとする。以上、前掲『西郷隆盛と明治維新』一八九・一九〇頁。

(19) 以上のように、幕末の朱子学的世界観の解体によって言葉が混乱をきわめ、最終的に「自分」だけを描く正岡子規が登場する時点を、江藤は明治三〇年前後に見定めている。ここに、自己の感受性を絶対視する特殊な日本的文学が登場する。興味深いことに、先に第三章でとりあげた植木枝盛は、明治二五年の死の直前まで『無天雑録』を書き続けていた。佐藤一斎や西郷隆盛の思想の中心概念であった「天人合一思想」が解体し、強烈な自負心から天が落剝したことで、植木の自己絶対化の論理が生まれたことはすでに指摘したとおりである。対外的危機と、幕末儒学の高揚と衰頽を経験した結果、政治思想と文学、いずれの領域でも、わずか五年の差でもって、異常なまでの自己絶対化を生みだしたということである。

(20) たとえば註(7)で触れた「西郷隆盛意見書」では、「皇国の国体は此の通り、目的は此の通りと本朝中古以上の体を本に居え、西土西洋の各国迄も普く斟酌し、一定不抜の大体を知るべし」と言っている。つまり、日本という国家の基軸をすえるためには、封建制度以前の、天皇中心の中央集権体制に復帰すべきであり、同時に、西洋諸国に翻弄されるのではなく、これを広く学ぶべきだと提言している。西郷は、今こそ簡単にぶれることのない、国家の青写真をつくるべきだと論じている。さらに、「百年成功を急ぐべからず…義勇激烈は本朝の性なれども必ず久しきに堪ゆる事能わざるの病あり。事の大なるもの程成る事遅きものなり」という言葉からは、熱狂を抑え、長期的な視点に立つことで、はじめて国家像が現実のものになるというメッセージが聞こえる(以上、『西郷隆盛全集　第三巻』七八・八六頁)。西郷は腰をすえて、近代化の病理に対抗しようとしていたのである。

(21) 司馬は『「明治」という国家』の引用にもあるように、明治をリアリズムの時代として肯定しつつも、一方で『翔ぶが如く』では、明治一〇年＝西南戦争に決定的な意味を見いだしている。これは時間的矛盾というよりも、むしろ一貫して司馬が現実主義的であったと考える方が妥当な理解であろう。「私は、維新から明治十年までのことに昏かった。かつては西南戦争以後に明治国家の基礎が成立すると思っていたが、まったくの思いちがいであった。『官』そのものも、またその思想も、あるいはそれに対する在野意識も、さらには『官』にあらざる者たちの側の持つすべても、それらの基礎が明治十年までにできあがってしまっているような気がしている」(『翔ぶが如く　十』文春文庫、三六三頁)。

主要参考文献　※復刻版・文庫等、適宜入手しやすいものを優先的に掲載した。

『大西郷全集』全三巻、大西郷全集刊行会、一九二六―一九二七年
『西郷隆盛全集』全六巻、大和書房、一九七六―一九八〇年
『西郷南洲遺訓』岩波文庫、一九三九年
『玄洋社社史』明治文献、一九六六年
『西南記伝』中巻一・二、黒龍会本部、一九〇九年
『東亜先覚志士記伝』上、原書房、一九六六年
『頭山満翁正伝』葦書房、一九八一年
『頭山満思想集成』書肆心水、二〇一六年

葦津珍彦『大アジア主義と頭山満〈増補版〉』日本教文社、一九七二年
葦津珍彦『武士道』神社新報社、二〇〇二年
葦津珍彦『永遠の維新者』葦津事務所、二〇〇五年
飛鳥井雅道『中江兆民』吉川弘文館、一九九九年
安藤礼二「異族の論理　柳田國男と吉本隆明」『神奈川大学評論』六六号所収、二〇一〇年
家近良樹『西郷隆盛』ミネルヴァ書房、二〇一七年
猪飼隆明『西郷隆盛』岩波新書、一九九二年
猪飼隆明『西南戦争』吉川弘文館、二〇〇八年
猪飼隆明訳『南洲翁遺訓』角川ソフィア文庫、二〇〇七年
石川郁男『ゲルツェンとチェルヌィシェフスキー』未来社、一九八八年
石川則夫「島尾敏雄の『ヤポネシア』論」『國學院雜誌』一一八巻一号所収、二〇一七年

石毛忠「幕末維新における天の思想」『日本思想史学』五号所収、一九七三年
石瀧豊美『玄洋社』海鳥社、二〇一〇年
井田好治「敬天愛人の系譜」『敬天愛人』第二号所収、一九八四年
井上清『西郷隆盛』上・下、中公新書、一九七〇年
井上誠一「明治期における自由のあり方をめぐる応答」『多元文化』六号所収、二〇〇六年
内村鑑三『代表的日本人』岩波文庫、一九九五年
浦辺登『玄洋社とは何者か』弦書房、二〇一七年
エディ・デュフルモン「初期アジア主義と中江兆民」勉誠出版『近代日本とアジア』所収、二〇一六年
江藤淳『南洲残影』文春文庫、二〇〇一年
江藤淳『南洲随想 その他』文藝春秋、一九九八年
江藤淳『リアリズムの源流』河出書房新社、一九八九年
江藤淳『成熟と喪失』河出書房新社、一九六七年
江藤淳『閉された言語空間』文春文庫、一九九四年
江藤淳『江藤淳著作集』続3、講談社、一九七三年
江藤淳『新編 江藤淳文学集成』3、河出書房新社、一九八五年
江藤淳『新編 江藤淳文学集成』4、河出書房新社、一九八五年
小川原正道『西南戦争』中公新書、二〇〇七年
小川原正道『福澤諭吉の政治思想』慶應義塾大学出版会、二〇一二年
小川原正道「西南戦争期における福沢諭吉の思想」『日欧比較文化研究』七号所収、二〇〇七年
落合弘樹『西南戦争と西郷隆盛』吉川弘文館、二〇一三年
加藤裕治「新聞報道の誕生」『社会学評論』四九巻二号、一九九八年
柄谷行人『遊動論』文春新書、二〇一四年

苅部直『「維新革命」への道』新潮選書、二〇一七年
栗原剛『佐藤一斎』講談社学術文庫、二〇一六年
小島慶三『戊辰戦争から西南戦争へ』中公新書、一九九六年
小島毅『近代日本の陽明学』講談社選書メチエ、二〇〇六年
小西豊治『石川啄木と北一輝』伝統と現代社、一九八〇年
小林和幸『「国民主義」の時代』角川選書、二〇一七年
小松裕「中江兆民とそのアジア認識」『歴史評論』三七九号所収、一九八一年
坂本多加雄『明治国家の建設』中央公論社、一九九九年
坂本多加雄『市場・道徳・秩序』ちくま学芸文庫、二〇〇七年
坂本多加雄『山路愛山』吉川弘文館、一九八八年
相良亨『相良亨著作集』2、ぺりかん社、一九九六年
司馬遼太郎『翔ぶが如く』(一)～(十)、文春文庫、一九八〇年
司馬遼太郎『「明治」という国家』日本放送出版協会、一九八九年
司馬遼太郎『土地と日本人』中公文庫、一九八〇年
司馬遼太郎他『西郷隆盛を語る』大和書房、一九九〇年
島尾敏雄『ヤポネシア序説』創樹社、一九七七年
鈴木直子「島尾敏雄のヤポネシア構想」『国語と国文学』七四巻八号所収、一九九七年
先崎彰容『個人主義から〈自分らしさ〉へ』東北大学出版会、二〇一〇年
先崎彰容他『アフター・モダニティ』北樹出版、二〇一四年
高江洲昌哉「西郷隆盛伝と『奄美』」『JunCture：超域的日本文化研究』七号所収、二〇一六年
瀧井一博『明治国家をつくった人びと』講談社現代新書、二〇一三年
竹内整一『自己超越の思想』ぺりかん社、一九八八年

竹内好『新編　現代中国論』（竹内好評論集　第一巻）筑摩書房、一九六六年
竹内好編『アジア主義』（現代日本思想大系　9）筑摩書房、一九六三年
竹内好『竹内好セレクション』Ⅰ・Ⅱ、日本経済評論社、二〇〇六年
田中惣五郎『西郷隆盛』吉川弘文館、一九八五年
圭室諦成『西郷隆盛』岩波新書、一九六〇年
綱澤満昭「島尾敏雄の故郷観とヤポネシア論」風媒社『日本文化の中心と周縁』所収、二〇一〇年
寺尾五郎「『西郷伝説』とは何か」『現代の眼』一八巻二号所収、一九七七年
遠山茂樹『明治維新』岩波現代文庫、二〇〇〇年
富田正文「福沢諭吉と西郷隆盛」『新文明』一巻一号・二号所収、一九五一年
中江兆民『三酔人経綸問答』岩波文庫、一九六五年
成田龍一『戦後思想家としての司馬遼太郎』筑摩書房、二〇〇九年
昇曙夢『奄美大島と大西郷』春陽堂、一九二七年
橋川文三『西郷隆盛紀行』文藝春秋、二〇一四年
花田俊典「ヤポネシアのはじまり」『日本文学』四六巻一一号所収、一九九七年
浜田泉「ルソー、兆民、西郷をめぐって」『桜文論叢』五八巻、二〇〇三年
坂野潤治『未完の明治維新』ちくま新書、二〇〇七年
坂野潤治『西郷隆盛と明治維新』講談社現代新書、二〇一三年
坂野潤治『帝国と立憲』筑摩書房、二〇一七年
土方和雄『中江兆民』東京大学出版会、一九五八年
藤本尚則『巨人頭山満』雪華社、一九六七年
前田愛『幻景の明治』朝日新聞社、一九七八年
増村宏「西郷隆盛の思想について」『鹿児島大学法文学部文学科論集』七号所収、一九七二年

松尾須美礼「『奄美大島と大西郷』における奄美と日本」『比較民俗研究』一八号所収、二〇〇二年
松沢弘陽『近代日本の形成と西洋経験』岩波書店、一九九三年
松本健一『雲に立つ』文藝春秋、一九九六年
松本健一『三島由紀夫と司馬遼太郎』新潮選書、二〇一〇年
松本三之介『明治思想史』新曜社、一九九六年
丸山眞男『忠誠と反逆』ちくま学芸文庫、一九九八年
三浦小太郎『渡辺京二』言視舎、二〇一六年
御厨貴『明治国家の完成』（日本の近代 3）中央公論新社、二〇〇一年
三谷博「『アジア』概念の受容と変容」『韓国・日本・「西洋」』所収、慶應義塾大学出版会、二〇〇五年
宮城栄昌「奄美諸島のノロについて」『日本民俗学会報』四〇号所収、一九六五年
宮城公子『幕末期の思想と習俗』ぺりかん社、二〇〇四年
宮崎滔天「熊本協同隊（五）」『評論新聞』第一五号、一九〇八年
毛利敏彦『明治六年政変』中公新書、一九七九年
柳田国男『先祖の話』角川ソフィア文庫、二〇一三年
山口宗之『西郷隆盛』明徳出版社、一九九三年
山下欣一「ノロとユタ」『Ｇｙｒｏｓ』五号所収、二〇〇四年
山田尚二『西郷隆盛と奄美』新人物往来社、一九八六年
豊拓也「奄美社会と勝手世騒動」『熊本史学』第七六・七七合併号所収、二〇〇〇年
夢野久作『近世快人伝』文藝春秋、二〇一五年
吉野誠「明治初期の日朝関係と征韓論」『「韓国併合」一〇〇年を問う』所収、岩波書店、二〇一一年
吉本隆明・江藤淳『文学と非文学の倫理』中央公論新社、二〇一一年
吉本隆明『〈信〉の構造』3、春秋社、二〇〇四年

吉本隆明「柳田国男から日本、普天間問題まで」『神奈川大学評論』六六号所収、二〇一〇年
米原謙『日本近代思想と中江兆民』新評論、一九八六年
渡辺京二『維新の夢』ちくま学芸文庫、二〇一一年
渡邊桂子「西南戦争報道における京阪地方への記者派遣」『早稲田大学大学院文学研究科紀要』第四分冊所収、二〇一五年
渡邉憲正「中江兆民の対外関係論」関東学院大学『経済系』二五九号所収、二〇一四年
渡辺浩「儒教と福澤諭吉」『福澤諭吉年鑑』三九号所収、二〇一二年

図版提供

20 頁：慶應義塾福澤研究センター
111 頁：西郷南洲顕彰館
146 頁：筑摩書房
149 頁：新潮社写真部
165 頁：新潮社写真部
173 頁：新潮社写真部
184 頁：新潮社写真部
187 頁：Sakoppi
195 頁：新潮社写真部
233 頁：筆者撮影
238 頁：新潮社写真部

他は、著作権保護期間が満了したもの、またはパブリック・ドメインのものを使用した。

本書は書き下ろしです。

新潮選書

未完《みかん》の西郷隆盛《さいごうたかもり》　日本人《にほんじん》はなぜ論《ろん》じ続《つづ》けるのか

著　者………………先崎彰容《せんざきあきなか》

発　行………………2017年12月20日
5　刷………………2024年 9 月30日

発行者………………佐藤隆信
発行所………………株式会社新潮社
〒162-8711　東京都新宿区矢来町71
電話　編集部 03-3266-5611
　　　読者係 03-3266-5111
https://www.shinchosha.co.jp
印刷所………………株式会社光邦
製本所………………株式会社大進堂

乱丁・落丁本は、ご面倒ですが小社読者係宛お送り下さい。送料小社負担にてお取替えいたします。価格はカバーに表示してあります。

ISBN978-4-10-603820-4 C0395